每天十分钟 练出好身材

[英] 罗杰 · 弗兰普顿 / 著　汤嘉欣 / 译

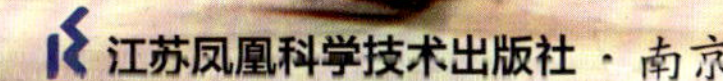

First Pubished in Great Britain in 2018 by Pavilion
43 Great Ormond Street,London WC1N 3HZ

江苏省版权局著作权合同登记 图字：10-2021-95 号

图书在版编目（CIP）数据

每天十分钟练出好身材 /（英）罗杰·弗兰普顿著；汤嘉欣译 . — 南京：江苏凤凰科学技术出版社，2022.2

ISBN 978-7-5713-2545-9

Ⅰ . ①每… Ⅱ . ①罗… ②汤… Ⅲ . ①健身运动 Ⅳ . ① G883

中国版本图书馆 CIP 数据核字（2021）第 235790 号

每天十分钟练出好身材

著 者 ［英］罗杰·弗兰普顿
译 者 汤嘉欣
责任编辑 向晴云
责任校对 仲 敏
责任监制 方 晨

出版发行 江苏凤凰科学技术出版社
出版社地址 南京市湖南路 1 号 A 楼，邮编：210009
出版社网址 http://www.pspress.cn
印 刷 北京博海升彩色印刷有限公司

开 本 710 mm × 1 092 mm 1/12
印 张 13
字 数 173 000
版 次 2022年2月第1版
印 次 2022年2月第1次印刷

标准书号 ISBN 978-7-5713-2545-9
定 价 49.80元

目录

如何使用本书

你可以在家里完成本书中的每项练习，无须使用任何设备。为了简化难度，我建议在一些练习中使用垫子、地毯、毛毯、瑜伽块、书本和椅子，没有什么可以阻止你现在开始，因为这完全取决于你的身体状态。

书中的练习一半是静态的，一半是缓慢动态的，控制性的动作可以帮助你适当地增强力量和柔韧性。这样的练习节奏可以让你专注于自己的意识，并帮你找到自己运动的弱点。

本书包含了你需要用一生去掌握的9个“动作”，但是你每天只需要花10分钟完成它。每个动作由10个支撑练习组成，由易到难，1是最容易的，10是最难的。并且每个支撑练习都细分为1分钟的控制运动和1分钟的静态保持。

开始锻炼之前检查身体状况

现在，不要运动肌肉，检查自己。这样的姿态下你的身体处于什么样的状态？你的脖子、手以及双脚放在哪儿？是否向某一侧倾斜？向前还是向后？向左还是向右？不要去判断或尝试改变它，只需要注意一下就好。这是你此时的默认状态。记住：尽可能地感知自己的身体。你越了解自己的身体，在训练时你就越知道需要注意的地方。

开始之前确认自己的能力水平

你要做的第一件事是确认自己现在能力的水平。从练习1开始，看看你在每一次的运动中能完成多少个支撑练习。

你能做出的最后一个动作就是你目前的能力水平，你需要一直练习最后一个动作，直到能够在规定的时间内完成，再进行下一个支撑练习。当你完成所有的支撑练习，便可以开始练习每个章节开头所示范的动作。

在练习的过程中要保持记录的习惯。例如，在支撑深蹲的过程中，如果可以让自己的脚跟接触到地板，但是无法保持1分钟，那么就需要继续做支撑辅助练习4。支撑深蹲是练习1，支撑辅助练习是4，就可以这样记录——1/4。

你的运动计划

你已经拿起这本书了——祝贺你！这是一份可以让你受益终身的运动计划。每天只需遵照本书锻炼10分钟，你就可以拥有健康的体魄。

每日训练

你的目标是完成10分钟的运动练习，只需10分钟。为了完成这10分钟的练习，你可以从书中选择5个练习动作，每个练习包含1分钟的动作和1分钟的静态保持。选择你可以完成的支撑练习，如果你无法完成动作或者保持动作，则需要退回到可以完成的上一个保持动作。别急，你的运动能力会逐渐改善，这样你就可以挑战自己，进入下一步。当你的能力尚未达标时，不要跳过任何1个步骤或者自欺欺人。如果你已经掌握了1个动作，且能够保持准确的姿势1分钟，那么在这种情况下你才能进行下一步。

一周计划

使用图表，制定一周的个性培训计划。如果你按照第4页的说明来操作，那么现在你应记下9个需要进行的练习，每个练习包含1分钟的动作和1分钟的静态保持。

在你开始的那一天记录你的第1个动作/等级。等级数字完全根据你的个人情况来定，取决于你的辅助练习。你可以这样记录：1/4, 2/3, 3/5, 4/2, 5/4, 6/4, 7/1, 8/3, 9/1。在对应的日期内将这些数字填入你的图表中。

例如，如果你在星期二开始，那么你的5个条目将是：1/4，2/3，3/5，4/2，5/4。这就是星期二的10分钟练习。星期三将继续这样：6/4，7/1，8/3，9/1，1/4。（看看如何再继续回到动作1）。重复这个模式，直到将你的图表完全填满！这个计划将为你接下来7天的培训做好准备。

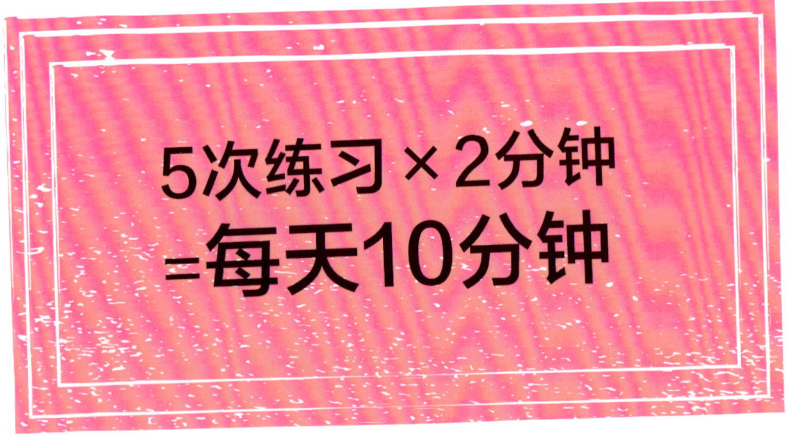

当你完成运动之旅时，你会发现自己的进步和能力的提升。经过几天、几周或几个月的改进后，1/4变为1/5。发生这种情况时，你需在图表上做好标记，在下一个一周计划之前，你无需进一步阅读本书。记住每天只需练习10分钟（差不多3个广告时段的时长）。

让我们开始吧！

	1	2	3	4	5
周一	动作/等级 /	动作/等级 /	动作/等级 /	动作/等级 /	动作/等级 /
周二	动作/等级 /	动作/等级 /	动作/等级 /	动作/等级 /	动作/等级 /
周三	动作/等级 /	动作/等级 /	动作/等级 /	动作/等级 /	动作/等级 /
周四	动作/等级 /	动作/等级 /	动作/等级 /	动作/等级 /	动作/等级 /
周五	动作/等级 /	动作/等级 /	动作/等级 /	动作/等级 /	动作/等级 /
周六	动作/等级 /	动作/等级 /	动作/等级 /	动作/等级 /	动作/等级 /
周日	动作/等级 /	动作/等级 /	动作/等级 /	动作/等级 /	动作/等级 /

如果你需要此页的备用副本，可以在我的网站上免费获得PDF文件。

问自己几个问题

我能感知到我的身体吗？
我会用“感觉良好”还是“感觉痛苦”来形容运动呢？
感觉良好或疼痛的程度如何？
这项运动有挑战性吗？

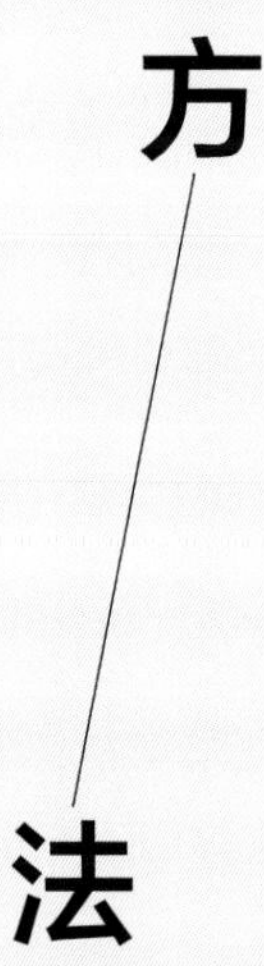
方
法

弗兰普顿方法

接下来，我将解释为什么运动并不是你想象的那样，为什么有意识、缓慢且刻意地运动可以让你的身体恢复元气。

首先，什么是弗兰普顿方法?

» 我相信当我们还是孩子的时候就已经能够完美地活动了

» 我相信健康的关键在于让我们的身体重新学会其本身就会的动作

» 我相信我们身体上的疼痛会随着我们重新开始运动而消失

» 我相信我们能够让身体发挥其潜力

我相信“慢工出细活”，好的结果是需要时间的。弗兰普顿方法不是一个一蹴而就的方案，而是一项长期受益的培训计划。想象一下，小时候在数学课上，老师进行测试，然后大喊“快！快！快！”你可能会很快完成这个作业，但牺牲了作业质量，也无法充分展现你的能力。考试结束的时候你有一种解脱的感觉吗？弗兰普顿方法是一项值得学习和需要有意识地应用的方法，它是激活你身体运动和运转的基础。只要你花时间学习和应用它，就会收获好的结果。

恢复身体的运动能力

想想你周围老人们走路的僵硬状态，你认为他们是一直如此吗?

可以对比一下你现在的运动量和你小时候的运动量，或者是10年前的运动量。

健身就是通过让我们走出去多运动来让我们的身体变得更灵活。我同意这个观点，但是，我们不需要过多的运动！如果只是多运动，一遍又一遍地重复相同的运动模式，反而会限制我们的运动。

与其多运动，我们每个人更需要按照自己身体的模式去运动。我们要在自己的身体机能完全失去运动能力之前，恢复身体的运动能力。

如果更好、更有规律地运动，你将：

- 燃烧脂肪
- 避免受伤
- 改善健康状况
- 减肥
- 感觉有信心
- 活得更久

弗兰普顿方法遵循“运动第一”的理念。练习是一个学习的过程，了解自己最佳的运动姿势并对其恰当地运用，将让你的能力逐步提高。我的目标是教你如何保持特定的身体姿势，并能够像以前一样运动。

想想这种情况：如果你家被盗，你是会不断试着找到肇事者，但并不改善房子的状况，还是接受已经发生的事实并加强安全防护，以免盗窃再次发生？

现在将此类比应用到你的身体上来。如果你受伤或感到疼痛时，你不但要敲开医生的门去找解决方案，也要学会接受它，并着手让自己的身体变得更有韧性，这样你就可以毫无负担地进行运动了。

弗兰普顿方法教授的运动方法对身体长期有益。结合体操的一些基本元素，并尝试专注训练，我们将从中学会一些我们与生俱来就会的基础动作。

我坚信只需要你的身体（可能还需要耐心、意识或许还有几件家具）就能改善你的运动水平。现在，是时候停止寻找借口了，让我们一起来启动拥有极大能量的机器——人体。

疼痛保护你的脊柱！

最重要的训练工具就是你的脊柱。假如身体只有脊柱，并且脊柱的每个部分都被设计成以特定的方式运动，这时如果脊柱的一部分失去其固有的运动能力，那么与之关联的部分必然也会受到影响。不能让脊柱失去功能，因为它是我们身体的根本，我们必须不惜一切代价保护我们的脊柱。

我相信，当我们还是孩子的时候，就知道如何巧妙地运动。保持健康的关键就是重新了解我们的身体是如何被设计的。我们身体所感受到的疼痛将因为这些运动而消失，我们都能够发掘身体本身隐藏的潜力。

如果你感到腿抽筋、腰痛或颈部疼痛，其实是这些症状在巧妙地提醒你去保护脊柱。换句话说，你的身体会以肩部或臀部受伤的方式来保护你的主要运动机制——脊柱。身体任何部位的疼痛都在提醒你运动并且更好地活着。

揭穿练习的真相

那么，让我们来看看人们所说的运动的三个主要原因是什么。在我看来，运动让你追寻彩虹尽头那神话般的宝藏。

如果你给出这个答案，那不是你的错，因为这是健身行业的标准答案。当我开始成为一名有资历的私人教练时，我会给人们做各种测试，看看他们的健康状况。这看起来似乎很合理：先进行能力测试，过一段时间之后再测1次，对比测试结果看看训练是否能改善你的运动能力。

为什么这种测试健康的方式存在缺陷呢?

人体生理学是非常复杂的，我们好似一台能做数十亿次运动的机器。如果整个行业都使用相同的标准来测试我们的健康程度，那么就只能看到人们在做这些测试时的健康程度。但并不代表我们一定在提升。就算我们在1分钟之内多做了5个跳跃，但并不是每次跳跃都是完全一样的。举例来说，如果第1个波比跳（在双手撑地、双腿后跳之后，完成一个俯卧撑动作）和第10个波比跳看起来不一样，那就意味着我们没有做到10个波比跳。这是一个典型的例子来说明其实你在测试的是你的运动量而非运动的方式。

如果你跑步量非常大，以至于你已经失去了触摸到脚趾的能力了，你该怎么办？这其实是在拆东墙补西墙。根据行业标准，你比以前更健康了，但因为你缺乏活动导致身体某一部分没有得到训练，这难道不会让你在跑步的时候承受更大的受伤风险吗?

你相信英国长跑运动员莫·法拉赫（Mo　Farah）是从某天开始突然就越跑越快的吗？当然不是，跑步是他的职业。他有教练，能用特殊的技巧以一种高效率的方式跑步，所以他可以为国家夺得金牌。但他的身体是健康的吗？他能进入奥运会100米冲刺的前三名？如果我们把他放在体操吊环上，他会怎么样？我们不能绝对地说他是“健康”的，我们只能说他适合他的职业。所以，当你说“我要变健康”时，我会问“你要在哪一方面变得更健康”。

我运动，保持好身材

你要练成跟谁一样的身材？如果是自己原有的身材，那你已经“成型”了。除非，你对自己的理想身材有一些想法。也许你会向我展示一些模特或电影明星的照片，说他们的身材就是你想要的样子。我和一些世界最知名的男女模特一起工作过，如果你认为这些人对自己的身形一直很满意，你就错了。努力让自己成为他们的样子，只会让自己深陷泥潭，事实上他们自己都不一定喜欢自己的身材。如果你依照照片设定自己的目标，你永远都不会开心。因为你总是想要得更多，永远觉得在镜子中看到的东西不够好。

到底谁在定义“身材好”？随着时间的推移和文化的交融，身材好成为一种时尚和趋势，也意味着它在不断地变化。看看20世纪70年代人们的形象，所谓的好身材跟现在的形象截然不同。同样，好身材的概念也因文化的不同而千差万别。日本人有一种他们会称之为体型的体格，俄罗斯人也是如此，但我保证他们对于好身材的概念是不一样的。不好意思让你失望了，你也许永远无法锻炼成一个好身材的人，因为好身材完全取决于感觉。这本书的唯一目的就是让你重回自己的儿童时代，做出那个时候能够做出的动作。不是做出任何其他人儿童时代的动作（或成年期）。

我运动，减肥

除非你出生的时候有相关疾病，否则没人生来就超重。英国喜剧演员瑞奇·热维斯在他的脱口秀中很好地总结了体重问题，这一结论其实与运动的质量毫无关系，即如果你吃的热量（摄入）超过你运动消耗的热量（输出），那么你就会变胖。但是多运动并不一定等同于会运动。

想想以下这些情况：

· 如果我用头撞墙，会燃烧卡路里吗？会。

· 我的健身应用程序会把我用头撞墙算作能量输出吗？会。

· 我的心率会因为把头撞在砖墙上而上升吗？会。

· 我有多运动吗？有。

· 这可以减肥吗？最终，可以。

因此在健身行业看来所有的效果都可以叠加，但是你和我都明白反复撞墙是不健康的。那倘若我成功减肥了呢？那么我的头部可能已经永久性创伤了。

切勿通过运动来解决体重问题。如果你运动的唯一目的是减肥，那么你就是在牺牲自己的运动能力来减肥，这也是在拆东墙补西墙。为什么？因为你专注于减肥，而不是你的运动方式。

健身 VS 运动

左边是健身陈述，右边是运动的等价表述。它们表明为什么长期运动更具可持续性。

健身	运动
我想锻炼肌肉	我的身体会以特定的方式运动。我越是按照特定的方式运动，就越不需要专注于锻炼肌肉，而且无论如何我都会变得更加健康。
我想减肥	我学习和能够应用的动作越复杂，我的身体就会越快地燃烧脂肪。（稍后会详细介绍）
我想燃烧更多卡路里	当我以自己的节奏进行本书中的练习时，燃烧的卡路里数量将会增加。
我想尽可能快地运动	我运动得越慢，我的身体就越有意识；我越是了解自己的身体，我的进步就越快，我就会越发了解自己。
我想要一个更好看的臀部	如果我花时间去学习特定的动作，我的臀部会变得更加紧实有力。
学习	和实践相结合。
我想要更好的身材	我的身体本身就很完美，它会随着练习发生变化。

这本书抛弃了一些过时的健身术语，提供了一种全新的方法。在新的实践中学习，健身不再是如我们以往所知的那样运动，而是教会我们新的技能、新的运动方法和新的着眼点，让我们在余生中受益。简而言之，在这本书里你学到的技能不仅可以教授你新的运动技能，还可以发挥出你非凡的核心区力量，更好地理解你的身体是如何运动的，并且拥有更强的专注力。

关于营养

我没有节食，我所说的节食不是通过多吃增加肌肉或者通过少吃来减肥。我对节食有另一种看法。

我认为节食应该是“吃可以维持生命的东西”。即使有拍摄工作需要我保持身材，我也会坚持我的饮食习惯。这种饮食习惯我已经坚持了很多年，这些年我的身体都保持不变。唯一让我身体发生变化的原因，是我在训练中加入了更多有关柔韧或力量的训练。我的身材是我锻炼的副产品。

我和一些世界顶级体操教练一起训练过，也和一些最优秀的杂技演员有过交流，他们都遵循同样的法则——不节食，只是遵循严格的训练计划。对我来说，营养甚至不应该和锻炼归为一类，这就像把英语和科学放在一起，它们分为不同的类别是有其原因的。

运动是运动，营养是营养。我遇见过一些营养学家，他们自己都无法完成蹲起动作，却还在告诫我应该吃什么。如果腹肌可以通过吃而产生，那世界顶级运动员就应在家里呆着，但事实上他们并没有这么做。

为什么？

因为吃西兰花不会帮助你学会做倒立。

因为吃藜麦不会改善腿部的柔韧性。

因为吃西葫芦不会改善你的腕部运动。

你能理解吗？此时此刻，我并不是说有些食物对你的身体不利，我说的是它们与运动毫无关系。

有意识运动

如果所有这些运动的理由都是浪费时间，那么，运动还有什么意义吗？

首先，让我们看看很多人每天毫无意识地做的一些运动——这就是我所谓的无意识运动。深蹲、平板支撑和俯卧撑。无止境地重复这些动作，短期效果可能看起来不错，但从长远来看，这些无意识运动真的对你有益吗？我的想法是这样的。

深蹲，有利于你的腿部，但重复而单向的运动是不是仅仅让你的臀部变紧实？

平板支撑，可以练出漂亮的腹肌，但是它们对你的胃部肌肉，还有你可能忽略的腰部产生什么影响呢？

俯卧撑，可以练出漂亮的胸部和手臂，但它们是否限制了你肩膀的运动？

事实上，我对短期效果不感兴趣。我认为无意识运动（不专注于你的运动方式）是一种自我伤害的运动形式，或者说是“自残”。如果你做的一些运动可能会在短期内有很好的效果，但会给你带来长期伤害，那么你就是在自残。

换而言之，如果一天中的大部分时间你都处在静止的状态，但你却有一个为持续运动而打造的身体，那么你就没有按属于你的运动方式去运动。你亏欠了你的身体，并欠它一条运动的生命。

忘记那些速成的方法，学习长期有益的动作，这意味着你需要专注于并完全意识到你正在做的动作。这是弗兰普顿方法的基本原理。你在本书中所做的一切运动，都需要纯粹的意识。只有这样你才能获得强大、不受限制的身体，且不会对自己的身体造成伤害。

没有速成的方法，但有意识地运动将产生以下效果。

- 变得健康（让身体恢复运动）
- 减肥（燃烧脂肪）
- 塑形（符合你体型特质的身材）

听起来有点熟悉？我从不因为要改变身材而进行训练，我也不想增肌、减肥或拥有像其他人一样健硕的身材。我想要的就是重新做出我出生以来就能做到的那些动作。我运用了从体操中学到的倒立技巧和来自瑜伽课的伸展技巧，还有一些我自己创造的动作。我既不是瑜伽专家，也不是体操运动员。我拒绝被限制在任何领域内，我是一个独立的个体。而弗兰普顿方法就是简单的、适合人类的运动。我将教你如何运用你的身体，同时我向你保证：你会变得健康、拥有更好的身形、甩掉脂肪——但这些都不是终极目标，它们都是有意识运动的结果。

» 有自己的意识

» 有意识地去运动

» 活出自我价值

运动第一

我们刚刚了解了意识在运动的过程中意味着什么，接下来我想要阐明一下“运动第一”的哲学概念。

好吧，无论你现在身在何处，先站起来双脚合拢，紧压脚后跟。我希望你注意到做这个动作时的感觉，你感受到自己臀部的肌肉了吗？如果你把脚后跟并在一起，臀部的肌肉会不可避免地收缩。因为一个动作，肌肉变得活跃。所以你不需要专注于某一块肌肉的活跃度，而应更加关注特定的动作，因为动作才是最关键的因素。

你看，整个身体是相互联系的。

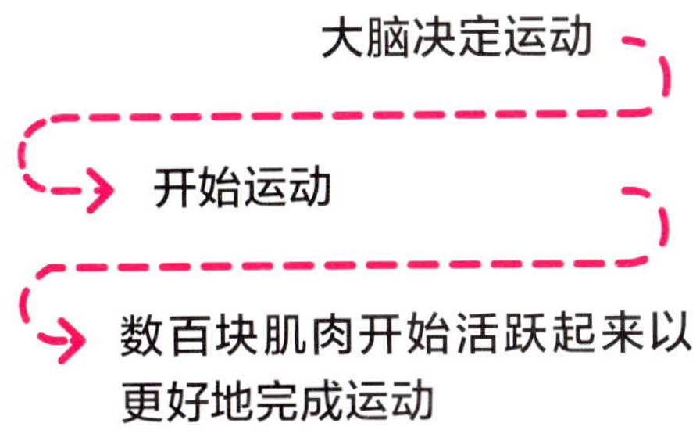

长时间坐着会让脊柱保持固定的弯曲（圆形）姿势，并在一块脊骨上反复施加压力。

当你的腿部、臀部和脊椎的运动受到限制，你的身体会感到紧绷并且受限，而弯曲的脊椎又会强迫你往下看，从而让你感觉自己整个人都变矮了。弯曲的脊椎形状也缩小了肺部可呼吸的空间，这就可以解释为什么有些人爬一段楼梯之后，会突然呼吸困难。而这个过程中进入血液的氧气减少，也会降低你的专注度和警觉性。

久坐还会阻止产生燃烧脂肪的酶，从而阻止你轻松减掉多余的脂肪，难怪那些健身的计划都失败了！

当我们年纪变大后一切事情似乎变得更加容易了，在公共场所，我们优先享有座位，手杖、平房别墅和电梯也为退休人员提供了不少便利。现在我们来看一个表：

最严重的疾病	冠心病、中风、呼吸系统疾病、代谢功能障碍、II 型糖尿病
久坐不动引起的部分急性疾	冠心病、中风、呼吸系统疾病、代谢功能障碍、II 型糖尿病。

从列表可以看到，常见的最严重的疾病和久坐不动引起的部分急性疾病是一样的。

事实上，75岁以上的人中有三分之二患有慢性疾病，且可能在依赖药物治疗延续生命。然而，这是可以预防的，在本书中，我不只是教你运动，我要教你如何像你出生时一样运动。

枯燥的科学依据

我实在不太喜欢使用术语，因为它是理论的，并且一直在变化。我们不是科学家，只需简单地了解一下我们是如何生来就会运动的。在我们理解词汇之前，我们就可以很好地运动了，并不需要那些科学概念。

我最大的信念是：我们都应该停止使用专业术语，并像我们孩童时代那样学习运动。

长寿的5个秘诀

我保证，如果你先花时间阅读这几页，再浏览本书的其余部分并尝试练习，你会对如何在余生保持健康体魄有一个更好的理解。另外，你可能会学到一些关于你身体的新知识。

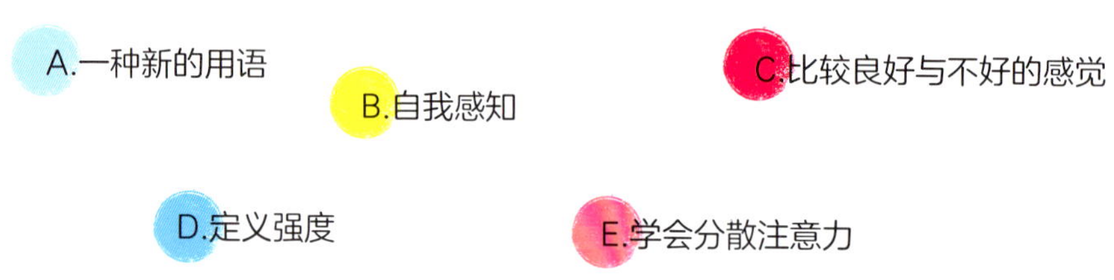

一种新的用语

如果你曾与健身专业人士（私人教练、瑜伽老师、物理治疗师）交流或一起工作过，你可能已经注意到他们会说一种特定的用语。他们会从理论的角度讨论身体，并能为每一个刺痛、限制或无力找到原因。他们的想法似乎有道理，但他们生活在一个术语的世界里，他们都是在用专业的健身用语来交流。而在这本书中，我使用的是大众用语。

运动的语言是一种终生可用的工具，你可以随时随地用它来解除限制你的身体。于我而言，上至离家不便的70岁老人，下至5岁学龄孩童，都可以享受身体被解除限制的过程。值得注意的是，一个2岁的孩子能够将肘部放在地板上，同时伸直双腿，但当你拉伸腘绳肌腱时永远无法做到这一点。事实上，你甚至无法说出“腘绳肌腱”这几个字。哪怕你没有任何问题，这种健身用语也可能会制造一些麻烦从而抑制你的进步，这就像人们并不明白什么是扁平足或者核心力量不足，却被告知有这2个问题。

许多年前，科学家们发现了身体中所有的肌肉块，他们给肌肉命名并赋予其一些作用，如二头肌用于弯曲肘部，三头肌用于伸展肘部等。这一切都有理可寻。他们把所有的信息都汇总到一本教科书中，并附上图片解释每块肌肉所负责的动作，又用相应的动作为肌肉命名，通过相应的练习来强化这些肌肉，如滑轮背部下拉，二头肌卷曲，三头肌下压等。

但后来我们发现了“筋膜”，一种从头顶到脚底覆盖全身的膜状物质。当我们出生时，身体的筋膜是柔软的，但是当我们受到限制时，它就会变得紧绷和僵硬。运动时身体之间的部位是相互影响的，因为筋膜将身体的各个部位联系起来。我们应该将身体看成一个整体，一个完整的身体。

因此，应该远离那些所谓改善肌肉的理论，我们需要寻找的是切实可行且可以自我感知的训练方法。训练的时候，我们所有的感受都是真正的感受。正如之前我提到过的，再重申一次：你的身体能够完成数十亿次的动作！是的，数十亿次的动作。现在是时候放弃所谓的肌肉训练了，我们应该去解决真正的问题——当身体已经失去了做出自然动作的能力的时候，首先需要做的就是恢复这种能力。

自我感知

你有没有试过盯着你家的狗或者猫，又或者任何其他的动物并喃喃白语：“我想知道它们在想什么？”但它们并不会思考，它们没有一种语言可以去思考。对我们来说，甚至认为狗坐在那里思考的想法都是荒缪的。

如果你不懂一种语言，你就不能用这种语言来思考，那你还会存在吗？当然会。

当你还是一个婴儿时，想要上厕所就会立马去，你的脑子里不会有声音说：“天啊，他们会怎么想我？”当你想要什么时，你就会哭，下雨天你也能享受出去闲逛的感觉，也不会使用例如“悲惨的”字眼去形容自己的感受。最重要的是你还不会使用语言，但你依然生活在这个世界上。

我们可以说，在你生命的初级阶段，你完全清楚自己的感受，但你并不是总在思考。

当我年轻的时候，我常常认为自己与众不同，因为我会一直跟自己说话。现在，我意识到每个人都会这样做，我们的内心对话从未停止。与自己交谈的唯一问题是你会对其他的事情心不在焉，你可能不知道身边发生的事情，也没有意识到自己的感受。如果你冥想过，你就会了解冥想的目的就是观察你的想法，或者让你意识到自己所处的思维状态。

那么，这与释放身体的过程有什么关系呢？

你是否曾意识到自己生气时的感觉？当我们生气时，我们倾向于说“我生气了”。你是苏珊（或者你的名字），说出你称之为“愤怒”的感觉。最重要的是，当你完全意识到自己并不总是无意识地思考时，你就可以完全意识到自己身体里的感受。

你现在感觉如何？毫无感觉？那就按照本书中的练习创造一种感觉。逐步摆脱思想的控制，更多地感知你的身体。这不仅是非常强大的生命工具，而且也在释放身体的过程中极具价值。

你越能在不同时间段感知自己的身体，你就越能了解应在何时调整你练习时的姿势，这反过来也会调整你的感知。“意识就是一切”，把它变成你的口头禅。

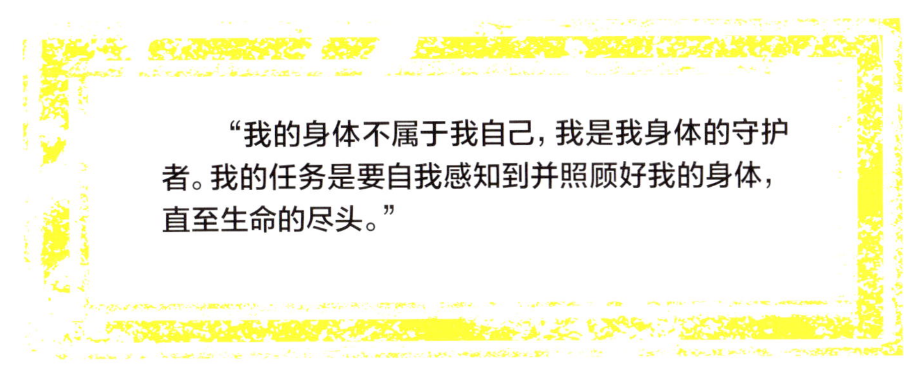

比较良好与不好的感觉

对于我们每个人来说感受都是独一无二的。感受只能由自己定义，因为我有我的感觉触角，你也有你的。我可以有同理心，这意味着我能感受到你的情绪，但实际上我并不能感同身受。一旦你理解了这一点，你需要确定的就是你感觉到的感受类型。

如果你经历过痛彻心扉的分手，你可能会将这种感觉描述为心碎。在物理层面，你的心脏实际上并没有破碎，但这就是你的感受。

当通过考试或获得晋升时，你会感到兴奋、骄傲、喜悦和激动，正如上面所说，你的身体没有跳跃，但你的内心却有这样的感觉。

在这2个例子中，我是用情绪来描述2种不同类型的感觉。现在我将描述在释放身体的过程中可能出现的2种不同感受。

首先是良好的感觉，它就像是一种有弹性或者肌肉的感觉。我不会把它描述为一种舒服的感觉，但是一旦你感觉不舒服，大可放心，你正在释放身体或是在为了更好的状态而努力。换句话说，如果你感到舒展或者肌肉正在燃烧，那么好事正在进行，这种感觉是进步的迹象。如果你什么都感觉不到，那就什么都没发生，道理就这么简单。

人们一直在兜售令人舒适的东西：床、沙发、汽车，等等。但为了让你的身体得到释放，你必须要尝试让自己不那么舒服。但不要将这个与疼痛混为一谈。因为这不是在让你善于忍受疼痛，这是荒谬的。好的感觉并不是一种疼痛。

你的膝盖、肘部、肩部、臀部、颈部、腰部或任何骨骼暴露的区域最有可能感到疼痛。大多数人会将他们的感受描述为一种强烈的、尖锐的或痛苦的感觉。我们每个人都有过这种经历，碰到很烫的热水时，都会弹开。这是一个信号——聪明的身体正在给我们传递信号：“不要过去！”疼痛虽然不是很好的感觉，但却非常奇妙，有疼痛的感觉意味着你的身体很机警。

但是身体上的疼痛不会给你带来任何好处，我不提倡，也不建议大家这样做。

就释放身体而言，一旦感到疼痛，就需要立即停止正在做的事情，并通过不同的方式找回良好的感觉。记住，我们寻找的是不适感，而不是痛苦的感觉。你可能需要在运动的过程中重复好几个练习，直到不再感到疼痛。

我不建议或不会教授一些速成动作，因为这样会让你感到急剧的痛苦。当你快速运动时，你会错过感受身体变化的机会。快速运动会让你处于飞行或战斗模式，产生一些荷尔蒙去覆盖这些感觉。你运动得越慢，你就越能感知你的身体。感觉良好则需坚持，感觉不好理应停止，这是一种及时的反馈。

缓解疼痛

缓解疼痛的第一种方法，就是探索自己的感觉。第二种方法是找医生或者使用药物缓解疼痛，这种方法会让你失去发现根本原因的机会。所以，应减少外界修复。下次，可以尝试以下思路。

- 嗯……我脖子上有种感觉。
- 我最近做了什么会引起这种感觉？
- 我每天花几个小时坐在椅子上或盯着手机、电脑屏幕？
- 我是否了解我的身体整天都是在如何运动的？
- 当我运动时，我是有意识运动，还是只是枯燥地完成动作而已？
- 锻炼时，我是否速度太快？（大量且快速运动可能会让你失去意识）
- 我是否准备花时间了解我身体的极限，并采取行动做一些对于自己的未来大有裨益的事情？

定义强度

为了释放身体，我们要对自己的感觉进行编号，以1到10举例（1程度最轻，10程度最重）。例如，你的男朋友小便时不抬起马桶座圈，你会有多生气？对于一些人来说是1，对于另外一些人来说也许就是10，这是主观的感觉。

多年以前，我常在健身房练举重，而且总是练到极限，直到我筋疲力尽，我还会尽力将横杠举到最高处。同样，跑步的时候，我会在最短的时间内竭尽全力冲过终点线。

后来我开始练习瑜伽，也使用同样的方法。你能想象我是如何将所有的精力都投入到伸展动作中的吗？我把目光投向整个房间，看到所有做着弯曲动作的人都伸展开来，大多数人似乎都很放松。我以为这是因为一旦变得灵活了，也就更容易了。但事实并非如此，他们是更好地处理了自己的感受。当我放松一点，我的进步就显而易见了。

根据那些数字，我第一次接触瑜伽时就用了10的努力。

如果要试图改善你的运动，理想的强度应当在6到8之间，或者是9，因为在这之间你可以更好地应对不适感。10太多了，过于努力可能会忽略自己的感受，最终伤到自己。如果只有1，那还不如坐在家里看电视。

在A—D中，我们已经了解到我们的感受是独一无二的，我们可以学会更多地自我感知，了解“不适感”和“疼痛”之间的区别。最后，学会给感觉编号，按照整本书中每个动作的支撑练习进行运动，你便有机会测试你身体可努力的范围。但首先我们还要学习一件事——分散注意力。

学会分散注意力

现在，开始进行释放身体的最后一步——分散注意力。

眨眼！

因为我刚刚提到“眨眼”这个词，你现在意识到自己在眨眼吗？你之前有意识到吗？

先前我们讨论过为何感觉良好却并不意味着舒服，但是我们知道，如果想释放身体，这是非常必要的过程。我们能做的就是利用一个事实：我们的大脑一次只能感受一种感觉，或者一次只能关注一件事情。

你不可能在感到消极的时候还有乐观的情绪，幸福和悲伤也不可能同时发生，因为它们是完全对立的。

一次只能感受到一种感觉的好处就是，当你在释放身体的时候，可以分散不适感。

任何正常的人都不会说：“哇，这感觉真棒，我想整天都这样做，以保持这种良好的感觉。”诚然，良好的感觉可能会令人上瘾，你可能也会享受到这种感觉，但真正良好的感觉是需要着眼于长远的。你做运动会得到回报，更重要的是，你会慢慢感知你身体运动的机制。

为了帮助你取得进步，你可以通过以下方式分散注意力，过程中一定要有自我感知。

- 完全专注于呼吸
- 看电视
- 听音乐
- 坐在沙发上冥想
- 保持微笑
- 在外面的时候，可以数数树上的叶子

这就是我保持长寿的秘诀。

释放身体是持续终身的过程，它永远不会停止。当你停止运动时，意味着你放弃了健康。

在运动中，没有整齐划一或完美的形式，只有感觉。你的感觉是当你受限时采取行动的关键。

“我应该从哪里获得这种感受？”这个问题是无关紧要的。相反，你应该问：“我在哪里获得了这种感受？”或“我现在感觉到了什么？”

我在这里展示的只可以指导你完成动作，没有任何人可以为你释放身体，你的私人教练或瑜伽老师也不行。他们可以提供指导和反馈，但不能感受你的感受。

不要以为你会拥有完美的、免受伤害和疼痛的身体，能做到下蹲的同时能够下腰，还可以双手平放在地板上。

请记住，弗兰普顿方法没有时间限制，你在余生都需要好好运动，一旦放弃运动，你就放弃了生活。你身体的承受力是有限的，不要击垮你的身体，但你需要坚持，运动是一种你永远不会忘记的习惯。

慢慢地，有意识地一步一步走。请记住，你正在摆脱年复一年的伤害。需要时间来提醒你的身体想起所有以前自然而然就能做的事情，你必须有耐心。我可以向你保证，它会到来的。

龟兔赛跑，兔子输了，乌龟赢得了这场比赛。

弗兰普顿术语集

以下是我在本书中会使用的术语，你需要阅读此节内容来了解这些概念，否则你很有可能会有点沮丧。

运动 很简单，就是你正在进行的练习，仅此而已。如果我使用健身这个词，你可能会认为我的意思是减肥、腿部锻炼、有氧运动等，我指的可不是这些。正如我之前所说的那样，4岁的孩子不需要这些标签，我们的目标就是像一个4岁的孩子一样运动。你天生就拥有一个完美的身体，你的目标就是通过运动去恢复并保持你的身体。

意识 是指你集中全部的注意力，训练时应时刻注意身体，以免做出对身体有害的动作。意识能帮助你调整出最合适的状态。

感觉 是你在做任何运动时的感觉。你需要有意识、即时、警觉地注意自己的感觉。当你有感觉时，你必须在心里做标记——感觉良好或疼痛。

疼痛 是一种痛苦的感觉，最有可能在膝盖、肘部、肩部、臀部、颈部或腰背部处感受到。举例来说，当你做臀桥时，你可能会感到腰部疼痛——疼痛的感觉可能是肩部紧绷或者臀部紧绷造成的，或者是其他你觉得紧绷的部位。紧绷的部位在哪里并不重要，重要的是让你了解这是由于没有按照预期方法去运动而导致的，因此有了痛苦的感觉。大多数人都认为痛苦是一种急性的疼痛感，它会传递出这样的信息——“不要去这里！”它告诉你应该要停止了。这种痛苦的感觉没有任何好处，但请不要错误地认为这种感觉很糟糕，这只是警告。一旦你感觉到，就暂停一下。如果你蹲下时感到膝盖疼痛，就改变那个动作直到你感觉良好或没有疼痛感，因此你可能需要多次调整动作。

感觉良好 当我们双腿伸直并试图触摸脚趾时，大多数人都会感受到双腿背部有感觉。这是一种肌肉发达的感觉，并且似乎阻止你继续下一步动作。虽然感觉不太舒服，但它有利于长期的改善。当你做前撑时，也有一种良好的感觉，大多数人会将其描述为灼烧感或疲惫感。同样，虽然不舒服，但有意识的灼烧感是长期改善的必要条件。

限制 是指一段时间内变得紧绷的身体区域。在适者生存的过程中，我们人类失去了很多不再需要的功能。就动作而言，如果你坚持使用椅子而非自然下蹲的姿势，你的身体将失去下蹲的能力。当我们还是孩童时，我们能弯腰、伸腿、将手掌完全放在地板上，但现在大多数人都无法够到自己的脚趾。身体自然而然地关闭了一些不经常使用的功能，这就是限制。

在我看来，造成这种身体限制主要有3个原因：鞋子、紧身衣服和椅子。反过来，运动受限导致4个主要问题：体重增加甚至肥胖（由于缺乏有效的输出）；缺乏运动、柔韧性和力量；姿势不当、受伤和疼痛；抑郁或感觉缺乏自我价值。

但是，请记住：释放身体不是完成更多的运动，而是重新学习如何像以前一样运动。要做到这一点，你会常常听到我谈论“释放”这个词。别担心，我不会要求你赤脚走路，穿宽松的衣服，或辞掉你的工作，就像一个4岁的孩子一样蹲在大家面前，你只是需要知道你身体紧绷的地方。

神经通路 你还记得如何学会站起来的吗？如果不记得也没关系。对于我们大多数人来说，这是 件需要花费数月实践才能自然而然做到的事情。我会时不时在本书中提到神经通路，它基本上是指在特定运动期间大脑和身体之间的联系，有人称之为“肌肉记忆”。就像学习站立、爬行和走路一样，要学习本书中的动作，最好的办法就是花时间！

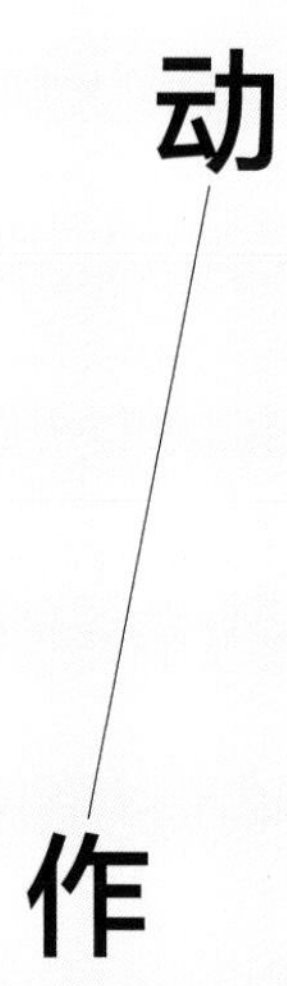
动
作

深蹲

深蹲是一个非常自然的动作，而且在我们4岁的时候，这个动作做起来非常简单。如果你有孩子，或者你的朋友有孩子，你会发现那些孩子大部分时间都在深蹲。对于孩子来说，深蹲不是锻炼而是静态姿势。

然而，当你还是个孩子的时候，你可能会被告知干什么事都得坐着：坐在桌边吃饭或者做功课，坐在沙发上看电视。一旦开始上学，你一天可能得坐上5个小时。成年之后，坐在椅子上已经成为默认的休息姿势。

2012年的一项研究发现，肌肉骨骼疾病是世界上第二大致残疾病，影响全球超过17亿人。世界医疗领域的领导者伍尔夫教授将肌肉骨骼疾病描述为像没有轮子的法拉利："如果你没有机动性和灵活度，那么身体其他部位的健康程度就不重要了。"

我们生来就有完美的臀部和脊柱，现在是时候让我们的身体像它本来被"设计"的那样运动了。下面列举几个深蹲运动的优点。

优点

- 改善臀部柔韧性
- 改善踝关节柔韧性
- 改善身体机能
- 拥有更好的意识

最大的优点是：你可以从下蹲姿势中了解身体部位的运动范围。当你保持深蹲姿势时，很容易就意识到身体的哪些部位受到了限制。

1. 调整脚部姿势

首先，确保深蹲运动不会给你带来伤害。蹲下时，身体与地板接触的唯一部位就是你的脚。如果你花些时间研究如何放脚且可以直接站起，那么整个蹲下的过程就将变得简单而又安全。

你的脚应朝向正前方，而不是向内或向外，并且脚应该呈拱形。

有没有听说过扁平足？也许有人曾经告诉过你，你是扁平足，可能是你过去几十年穿的鞋子已经让你的脚失去了自然的拱形姿态而变得扁平。好吧，你会很高兴知道你脚的姿态是可被训练的。

有人曾告诉我："我走路的时候，脚会外八。"我回答他："当你走路时，不要让你的双脚翻转。"这听起来很简单，但当你注意自己的站立方式、走路方式、下蹲方式，特别是运动方式时，你会开始把坏习惯转变成不会伤害身体的好习惯。我的意思是，谁在真正地控制你的脚？是你自己！所以，当你走在街上时，要对你的运动方式负责。你需要做的第一件事是站起来，低头看你的脚。接下来，双脚向前。对于深蹲，任何时候都不需要向外转。

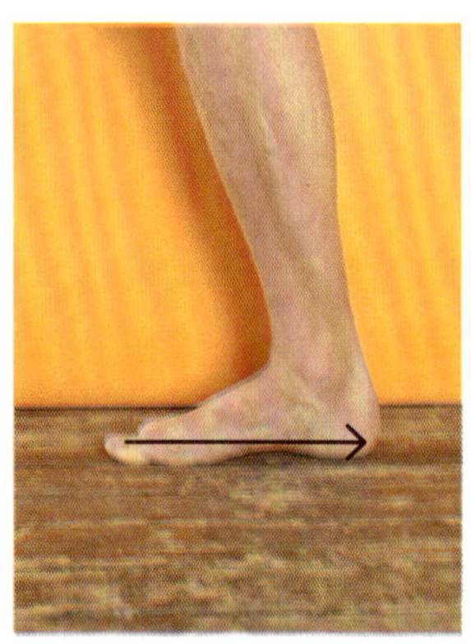

足弓塌陷

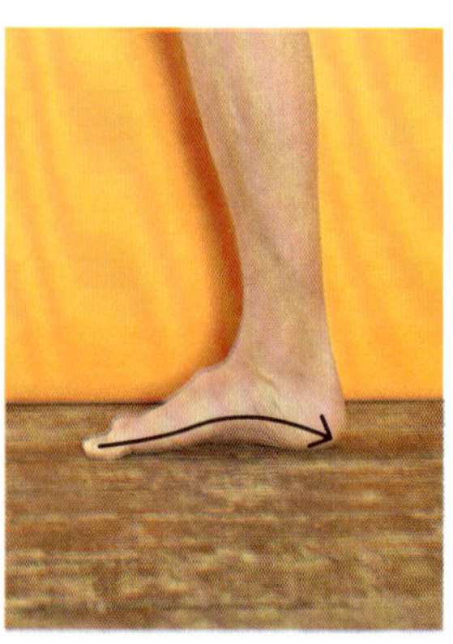

足弓拱起

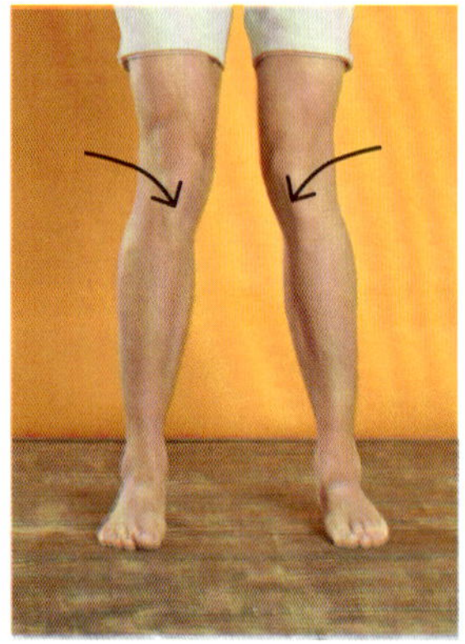

足弓塌陷

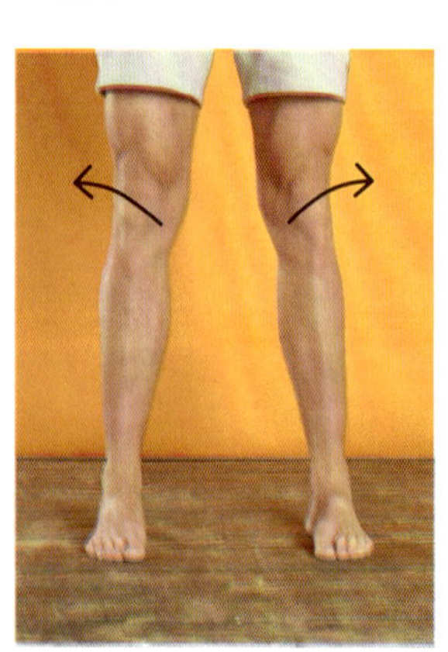

足弓拱起

1分钟的运动

站起来，脚朝前方，然后把脚放松再拱起来，如此交替，动作看起来就像左边的照片那样。

1分钟的保持

双脚向前站立，保持足弓拱起的姿势，大脚趾与地面接触，保持这个动作。

提示：当你的足弓塌陷时，你的膝盖会向内转；当你的足弓处于拱形姿势时，你的膝盖会向外转。

2. 提升踝关节柔韧性

现在重复与练习1完全相同的动作，只是这次尝试深蹲的动作。

提示：放置脚后跟的位置越高，就越容易运动，放一些瑜伽块在你的脚后跟下，这样运动起来就不会有任何疼痛感。

1分钟的运动

双脚拱起再平放，将这两个动作缓慢反复地进行。

坐蹲时，肘部放在大腿上，双手合十。重点关注以下两点：

- 脚面向前方
- 重心保持在脚后跟

提示：当你的两膝向外时，脚要拱起。膝盖向内时，你的脚要放平且脚趾不应离开地面。

1分钟的保持

膝盖向外，脚拱起。如果姿势正确，你臀部周围外侧肌肉应该会有紧绷的感觉。

我们来玩个游戏检查你的做法是否正确。上面的图片只有一张是正确的，你觉得是哪一张呢？

答案：B是正确的，因为双脚应朝向前方。

值得思考的要点

如果你想知道为什么我们要保持双脚向前而不是向外侧，正如瑜伽运动中常见的那样，有两个原因：

- 脚尖向外会增加脚部扁平、脚踝及膝盖受损的风险。而运动的首要目标是要对你的身体长期有益。
- 保持双脚朝前可确保你最大限度地发挥臀部的柔韧性，而不是倚靠关节去做动作。

3. 借用瑜伽块完成脊椎运动

在练习3中，你需要在深蹲时将注意力集中到脊椎运动上。哪怕你的注意力转移到了其他地方，你依旧需要保持双脚向前的动作。

在左下图中，我把脊椎弯曲到最大限度。在右下图中，我将脊椎提升到了最大限度。

保持这个姿势请别人帮你拍张照片，或者用镜子看自己的脊椎呈什么姿态，查看自己是否完全伸展，能否将肘部放在膝盖上。

1分钟的运动

蹲在一个瑜伽块上（或根据你的需要添加瑜伽块），将你的脊椎从弯曲状态变成伸展状态。

这个动作的目的是让你将肘部放在膝盖上，如果你需要耸肩才能完成这个过程，那就用更多的瑜伽块来抬高你的脚跟，直到你不需要通过耸肩来完成这个动作。

页面底部的2张图展示的是我们耸肩的同时肘部太向前或太向后的状态。

1分钟的保持

蹲在一个瑜伽块上（或多个瑜伽块），将肘部放在膝盖上并伸展脊椎。记住到目前为止的所有要点：

- 双脚朝向前方
- 足弓拱起
- 肘部在膝盖的顶部
- 肩膀放松（不要将肩膀耸起到耳朵周围）

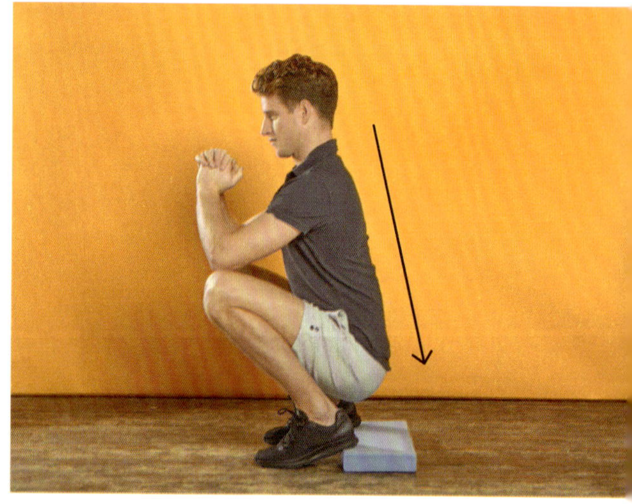

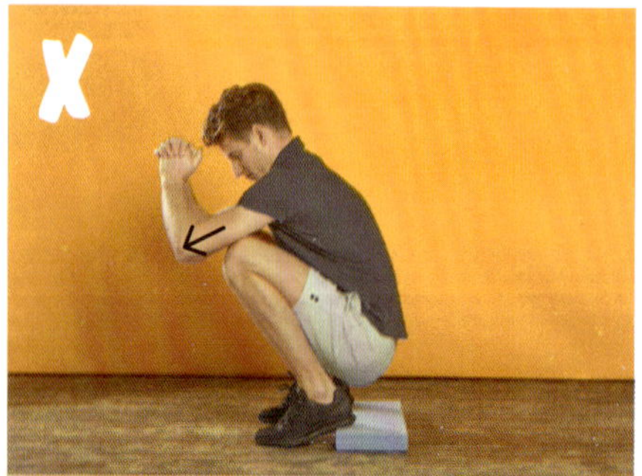

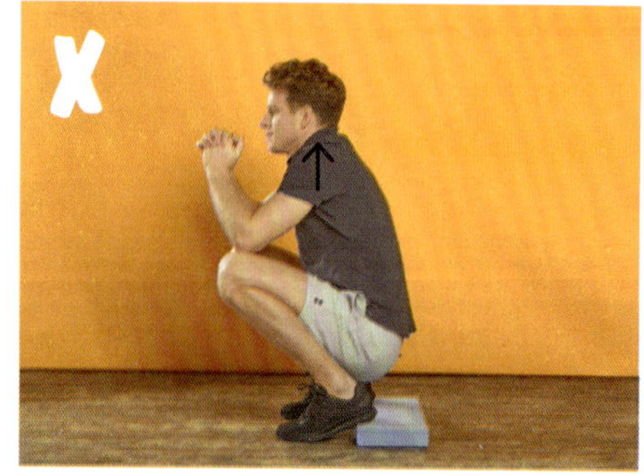

4. 使用辅助道具进行踝关节运动

在练习4中，你将在平地完成深蹲动作，需要抓住辅助道具以获得支撑力量。使用类似灯柱、吧台或坚固的椅子等任何能抵消你体重的道具。

这是你的脚跟与地板完全接触的第1个练习。如果你的任何关节感觉到疼痛（你可能会感觉膝盖疼痛），继续练习无痛练习3，直到你在进行练习4时没有不适的感觉。

1分钟的运动

使用练习1和练习2中的动作（参见第32～33页），但这一次你有支撑物可以用来支撑你的体重，这样你就可以完全专注于你的脚部运动，不用担心翻倒。将你的脚从平放状态调整到拱起状态，如此反复进行运动，不要抬起脚趾。当你的脚趾与地板接触时，你的重心必须保持在脚后跟上。

1分钟的保持

你需要让双脚保持在拱形状态，膝盖尽可能向外，保持双脚始终向前。你应该开始感觉到臀部区域和臀部外侧有灼烧感，你也可能会感觉到胫骨内有灼烧感（这种肌肉感觉是一种良好的感觉，见下文）。这种感觉是非常正常的，只要你不感到疼痛，就保持这个姿势。

值得思考的要点：

肌肉发达的感觉就是良好的感觉。我不会把它描述为一种愉快的感觉，但它确实是有益的，因为它有助于锻炼，并且对身体有长期的益处。而疼痛对于身体并没有长期的益处。

5. 脊椎支撑运动

练习5是在练习3的基础上开始的脊椎运动，这个动作只需要一个支撑物，无须使用瑜伽块，只需要完全深蹲在平坦的地面上。该练习还将向你介绍本书中将出现的直臂动作。

在该练习中，你将学会利用你的核心区力量，而不是用手臂来保持直立姿势。你可能会发现需要靠近或远离支撑物以找到适合你的位置。

弯曲脊椎

1分钟的运动

深蹲在平坦的表面上，抓住你的支撑物并将重心保持在脚后跟。

在弯曲脊椎与伸展脊椎姿势之间运动。在弯曲脊椎时，膝盖应该在你的腋下；在伸展脊椎时，胸部应该远离你的膝盖。

伸展脊椎

1分钟的保持

蹲在平坦的地面上，抓住你的支撑物并将重心放在脚后跟。将身体保持在伸展脊椎的姿势，并保持双臂伸直的状态。

记住目前为止所有的要点：

- 在平坦的表面上双脚向前
- 使用支撑物保持平衡
- 重心放在脚后跟
- 手臂伸直
- 胸部远离膝盖
- 肩膀处于放松状态，不要耸肩

提示：尽力将肩膀推到向后或向下的位置，让脊椎充分得到伸展，避免耸肩。

6. 头部瑜伽块运动

练习6是一种可以有效打开臀部的运动，它可以帮助你实现完全下蹲的姿势。你需要在身前放一些瑜伽块，瑜伽块摞得越高，练习起来就越容易。

你可能根本不会有紧绷的感觉，我教过几乎不能盘腿坐下的人，我也教过柔韧性非常好、能以盘腿的姿势坐下、还能将头靠在地板上的人，但每个人都是独一无二的。如果你在进行这项练习时没有任何感觉，就请跳至练习7。如果在练习的过程中有紧绷感（限制感），就请坚持下去。

提示：限制是指随着时间的推移，身体的某个区域变得紧绷。

1分钟的运动

盘腿直立坐下，在面前放置一个瑜伽块。将瑜伽块放在适合中等伸展运动的位置，或将其放在适合尽力拉伸时的位置，注意使用感受不到疼痛的动作。向前伸展头部，臀部弯曲，直到用前额触碰到瑜伽块。

抬高到起始位置，然后降低，随着伸展的感觉慢慢减轻而改变瑜伽块的位置。换个方式双腿交叉重复运动，让身体不同的区域都得到锻炼。

弯曲时，你的肘部在膝盖前方。随着感觉的减轻，你的肘部可以下降得越来越低，直到有一天在没有任何瑜伽块的情况下，你可以将头放置在地板上。

重要提示：你的膝盖不应该感到疼痛，如果你感到了疼痛，请将脚放在远离身体的位置。

1分钟的保持

盘腿而坐。将肘部放在地板上，头枕在瑜伽块上，然后保持这个动作，双腿十字交叉。当你重新变得灵活并且紧绷的感觉消散了的时候，移开瑜伽块，下降直到你的头部与地板接触。

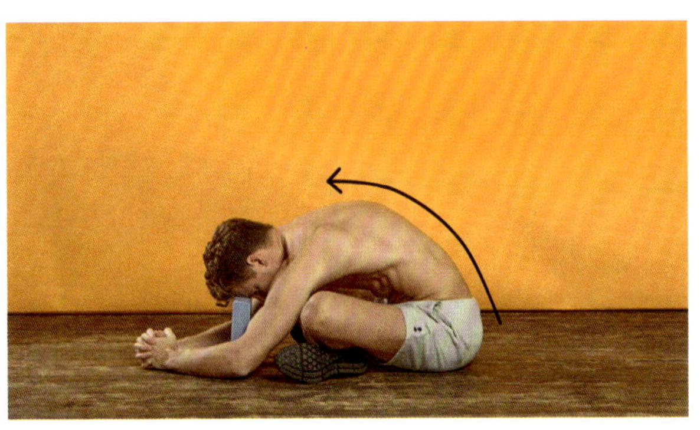

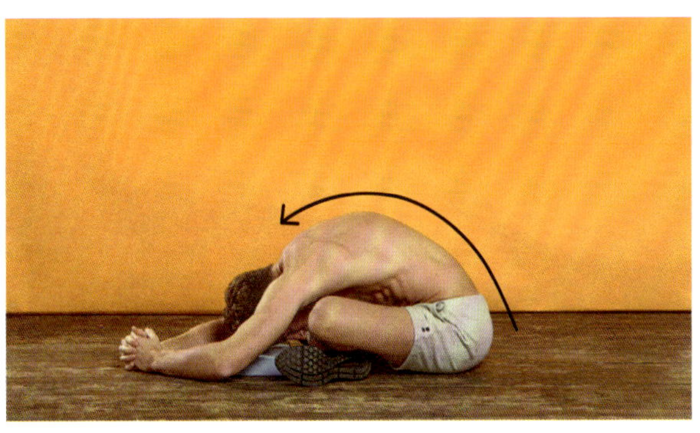

7. 骨盆张开和收紧（青蛙姿势）

练习7是发现腹股沟区域周围及腿部内侧的紧绷感。你需要将2个膝盖分别放在2块瑜伽块上，臀部正好在正上方。你可以在膝盖后面，面向你的脚的位置使用镜子查看，或者请别人给你拍一张照片。

你的小腿应该彼此平行，并且与你的大腿呈直角。优先考虑的是让你的臀部与膝盖保持运动方向一致，都是向脚后跟方向移动。

1分钟的运动

根据上述姿势，让骨盆缓慢张开和收紧，同时保持膝盖和臀部成直角。骨盆张开时，你的下背部应略微下垂；骨盆收紧时，你的背部应该保持平坦。

探寻一下自己的感觉，你感觉是好还是坏？（见第35页）

从1到10，紧绷感有多强烈？

1：“我可以整天坐在这里。”（这对于长期改善来说还不够。）

10：“我现在需要停下来！”（请耐心等待，努力实现即可改善。）

上图 盆骨张开

下图 盆骨收紧

1分钟的保持

保持盆骨收紧的姿势，对自我感觉进行评级；如果高于8，则将膝盖向内收紧；如果低于7，则将膝盖张开。重点关注以下内容：

- 臀部在膝盖以上或略微往后
- 小腿平行并且与大腿呈直角
- 肘部在地板上

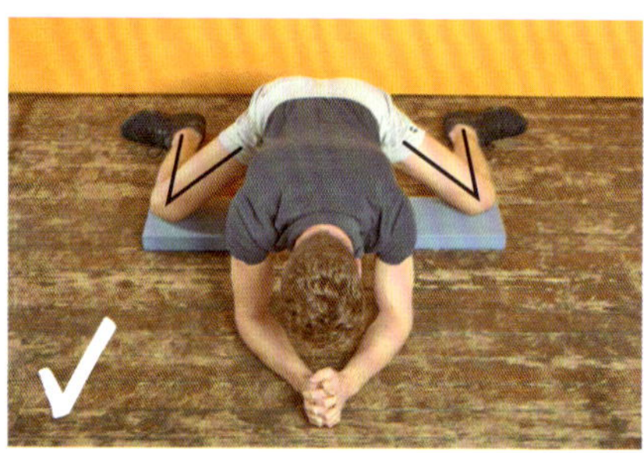

平行对齐

8. 在地板上进行脊椎运动

在练习8中，你需要回到深蹲姿势，以完全舒适的状态深蹲在平坦的地面上，如果你还不能做到这一点，你可以在脚后跟垫瑜伽块来进行该项练习。随着时间的推移，可以移除瑜伽块，直到你能在没有它的情况下也能完成该项练习。

记住不要耸肩。

1分钟的运动

深蹲之后双脚分开，肩膀拉宽，将脊椎从弯曲姿势（身体处在膝盖之间，双手紧握）变为伸展姿势（胸部拉开）。运动的首要目标是双手合十将肘部放在你的膝盖上。弯曲时，你的肘部在膝盖前方朝着地板，随着感觉的减轻，你的肘部可以下降得越来越低，直到有一天在没有任何瑜伽块的情况下，你可以将头放置在地板上。

1分钟的保持

完全深蹲下去，肘部放在膝盖上，脊椎保持伸展状态，记得保持肩膀放松。重点关注以下内容：

- 双脚分开，保持肩宽
- 双脚面向前方
- 重心放在脚后跟
- 肘部放在膝盖上
- 双手合十
- 胸部直立
- 直视前方
- 肩膀向后和向下运动

重要提示：在本次练习中，我穿的是低跟鞋。如果你的鞋子有鞋跟，可以赤脚或穿尽可能让脚后跟接近地板的鞋。

弯曲的脊椎（身体在两膝之间）

延伸的脊椎（肘部在膝盖上）

不要耸肩

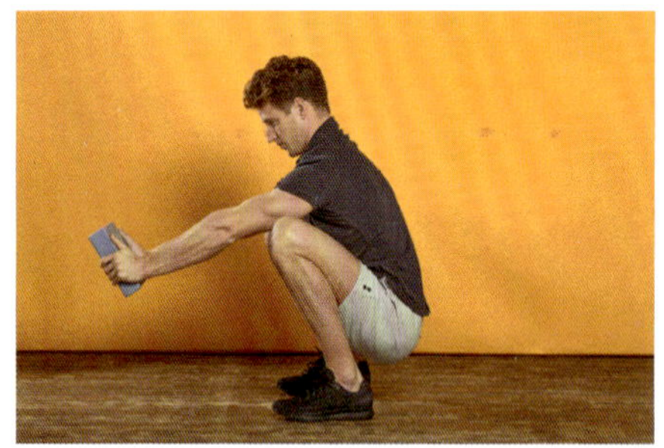

1分钟的保持

9. 直臂抬起

在练习9中，你需要保持完全深蹲，同时完成我们在练习5中接触到的直臂动作，并且这次需要使用瑜伽块。当你做前支撑动作时，需要学会这种技巧来下压肩膀。

提示：不要只是拿住瑜伽块，主动向上向远处按压它，即使它只移动了一点点。

1分钟的运动

让自己处于完全深蹲的姿势，用力让瑜伽块远离自己，保持肘部固定（左上图）。一旦完全固定了你的手臂，就尽可能地抬起瑜伽块，向上和向远处按压，一直到高于你的头部（左下图）。

1分钟的保持

让自己处于完全深蹲的姿势，尽可能向上和向后握住瑜伽块，将肩胛骨向上滑动（左图）。保持臀部向下，注意脚跟不要抬起或远离地面。确保不要将背部肌肉挤到脖子上，看一下正确和错误的图片（下图）。继续保持并注意以下几点：

- 双脚面向前方
- 双膝比臀宽
- 肘部固定
- 用你的背部肌肉（不是你的脖子）压开瑜伽块
- 肩胛骨向后滑动

肌肉挤压到颈部

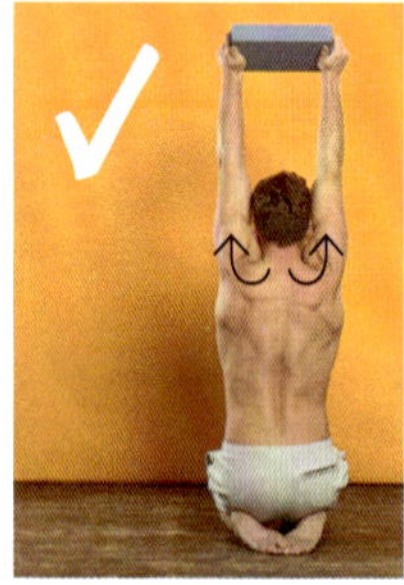

肩胛骨向上滑动

不要伸出你的脖子

让肩膀引导整个运动

10. 双臂举过头顶深蹲

在练习10中，你的目标是完成从面向墙壁的站立姿势到深蹲姿势，过程中不让瑜伽块接触到墙面。

1分钟的运动

站立时双脚朝前，双膝比臀宽。向上按压瑜伽块并举在头顶上，同时慢慢地直立向下至深蹲姿势。目的是在保证瑜伽块不会碰到墙壁的前提下，慢慢降到最底部并再次向上，保持脚和臀部的姿势。

1分钟的保持

面向墙壁站立，脚朝向前方，分开至肩宽。尽可能靠近墙壁，保持瑜伽块在头顶上方，同时进行下蹲，下蹲时不要让瑜伽块碰到墙壁，保持最深蹲的姿势。

提示：随着你的进步，你的脚可以慢慢靠近墙壁，直到有一天在下蹲的同时你的脚趾能够接触到墙面。

生活中的技巧

火车上的深蹲

你可以随时随地练习动作。想象一下我在火车上工作，检查手机上的电子邮件。我坐在椅子上吗？不，我蹲着。这样不仅让出了更多的座位，而且也提升了我的下蹲能力。

上下班通勤的保持动作

我称之为“秘密拉伸”。一站路的时间，可以依靠平坦的地面进行深蹲姿势。随着你柔韧性的改善，你保持的时间会越来越长。

恭喜!

如果你已经掌握了这个动作，那么你现在就像4岁时那样蹲着，永远不要让生活再次将这一技能带走。如果你想尝试更大的挑战，可以用一条腿挑战所有的深蹲练习。

前支撑

平板支撑是当今健身行业最常见的练习之一。乍一看，你可能会认为这个动作是另外一种平板支撑，但实际上它是前支撑，这是奥林匹克体操运动员常规用于强化身体直线的运动练习之一。

众所周知，平板支撑是一项针对核心区的锻炼，但是前支撑是对背部、臀部肌肉，以及核心区力量的考验。在本节中，我将解释如何正确地完成前支撑动作，如何避免疼痛以及避免那些会阻碍你进步的常见错误。

通过练习，你将能够完美地掌握前支撑动作。手掌压在地面上，上背部呈圆形，肩部紧压，肋骨收缩，胃部紧绷，骨盆收紧，膝盖固定，脚跟并排在一起。听起来有很多事情要做？没问题，让我来告诉你怎么做。

优点

- 改善臀部肌肉
- 改善骨盆柔韧性
- 锻炼背部肌肉
- 改善脊椎曲线
- 锻炼核心区力量
- 锻炼肩部力量
- 更好地了解你的身体

1. 固定双臂

练习1教你固定双臂的姿势，这个姿势和直臂上举的动作（见40页）相同，都需要用手推瑜伽块。

1分钟的运动

跪在地板上，保持膝盖和大腿并拢，坐在你的脚后跟上。手指交叉，手掌朝向身体。将手推离身体，并举到与肩同高的位置，直到你的背从直变弯。在肋骨和手之间尽可能创造多的空间。手臂完全固定后，旋转手臂，使你的二头肌朝上，收紧肋骨，上背部弯成弧形直到看不见肩胛骨，然后继续前后移动。

1分钟的保持

采用运动的起始位置，双手十指相扣向外按压，使你的背部弯曲呈弧形。保持这个姿势，确保你的手臂与肩同高。

2. 跪地固定双臂

在练习2中，你将完成与练习1相同的手臂动作。但不是坐在膝盖上，要跪在地板上进行四肢练习。这不是俯卧撑，你的手臂不用弯曲，你需要用肩膀带动你的背部使其呈弧形。

1分钟的运动

双腿跪在地板上，背部伸直，双手撑地，放在肩膀正下方，手指指向前方。保持双臂伸直，然后慢慢移动，使上背部弯曲。注意收紧肋骨，转动肘部使其背向你，然后将手按在地板上。眼睛向下看，不要驼背。

1分钟的保持

从动作的起始姿势开始，按压地板使背部弯曲，尽可能地拉动肋骨并保持，你会在肩膀、背部和手臂周围感受到灼烧感。

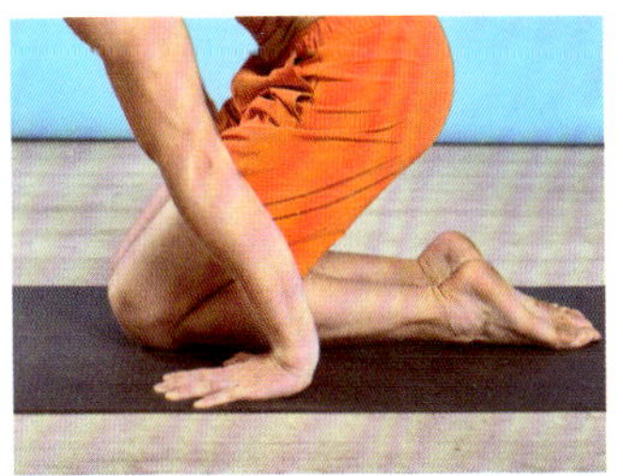

左一

左二

值得思考的要点

当我说“双手按压地板”时，你的手指应指向前方，食指的指关节底部应与地板保持接触（左一图）。如果你感到手腕疼痛，请稍微转动手指（左二图），但请记住始终保持食指贴合地面。

3. 收紧盆骨

在练习3中，你需要起身站立。首先，我们一起看看没收紧骨盆和收紧骨盆之间的差异。

1分钟的运动

站直，双脚与臀部同宽。将手臂抬高至肩高并弯曲。向后顶起骨盆，注意背部不要弯曲，然后收紧臀部肌肉、收紧骨盆。背部挺直。在整整1分钟内，重复以上2个移动骨盆的动作。

提示：做这个动作时不要专注于你的腹部肌肉，你的臀部肌肉才是关键。你可以将臀部肌肉收紧至骨盆收紧，或者通过收缩骨盆来紧致臀部的肌肉。

1分钟的保持

从这个动作的起始姿势开始，收缩你的盆骨，挤压你的臀部，并保持这个动作。

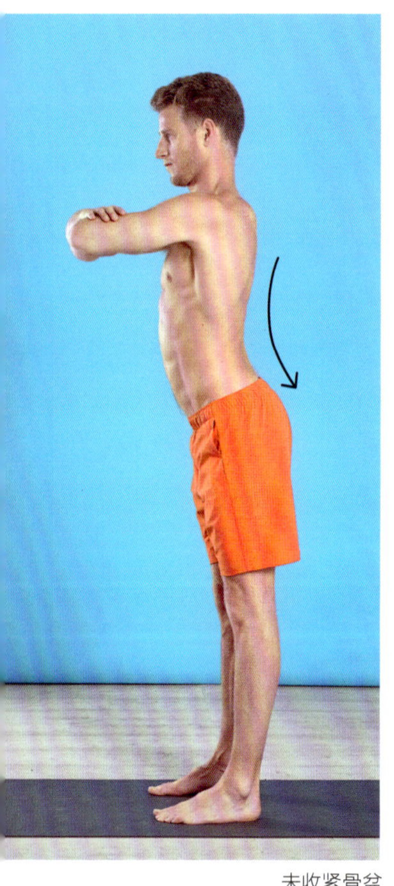

未收紧骨盆

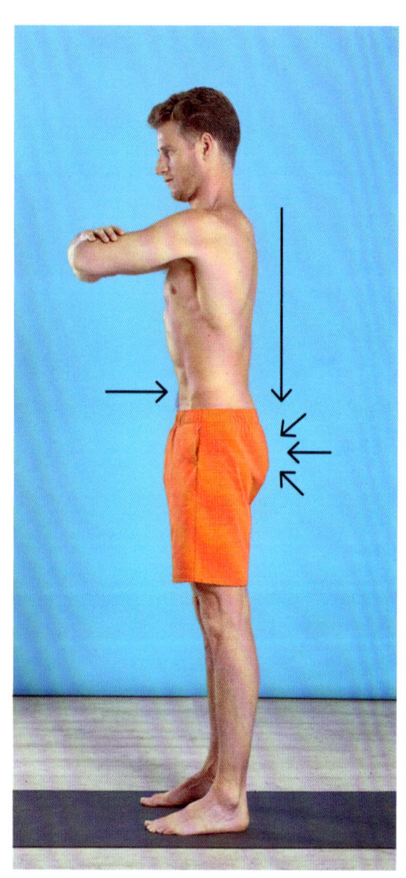

收紧骨盆

4. 跪地收缩骨盆

下图看起来与练习2中的动作完全相同，但这次你的动作要更加注意盆骨的运动。

1分钟的运动

双手撑地，双腿跪地，如练习2（参见第45页）。背部进行凹凸活动，可以通过收缩盆骨进行切换。在运动开始时，你应该感到臀部肌肉紧绷。与此同时，你的背部将从平背状态变为拱起状态，就像练习2中一样。

1分钟的保持

你必须立即专注于几件事，一开始会觉得很复杂，做出正确的动作需要反复练习。从运动的起始姿势开始，再收缩骨盆，然后保持住。在你保持这个动作的时候，在头脑中默念以下几点：

· 双手压在地板上

· 背部呈拱形向上姿势

· 双臂固定，肘部旋转，面向后方

· 肋骨收缩至里侧

· 眼睛往下看，略微在手前方

· 盆骨往下收缩

· 臀部肌肉紧绷

5. 手枪姿势蹲坐保持

此项练习适用于单腿固定，需完全收紧膝盖周围的肌肉。

1分钟的运动

在一个脚后跟下放几个瑜伽块或书本，直到你可以轻松地将另一条腿抬离地面并伸直，固定膝盖。缓慢移动，降低并抬高伸直的那条腿。一侧动作做30秒，或者在你感觉更难的一侧坚持更久的时间。

1分钟的保持

从动作的起始姿势开始，一条腿伸展，另一条腿的脚后跟放在瑜伽块上。将伸展的腿抬离地面，处于固定位置，保持30秒，然后重复另一条腿。

提示：对于此项练习，你可能会感觉一侧比另一侧更容易。如果是这样的话，那么你可以花更多的时间在更困难的那一侧练习，直到两边感觉同样轻松。

如果你感觉手枪姿势蹲坐比较棘手，请尝试第129页的练习。

6. 前支撑固定腿部运动

上一个练习让你熟悉了腿部固定的感觉。练习6的目标是在保持前支撑姿势的同时伸展腿部。

1分钟的运动

从与练习4（参见第47页）相同的姿势开始，将一条腿伸到身后并将其完全固定。返回起始姿势，然后伸展另外一条腿并将其完全固定。每一条腿轮流运动至1分钟。你应该感觉到伸直的腿部被激活并且臀部收紧的感觉。

提示：只要你感到舒适，脚尖保持绷直或弯曲的状态都可以。

1分钟的保持

将腿伸直并保持30秒，然后另外一条腿重复运动。

在你保持动作时请记住以下内容：

- 双手压在地板上
- 背部呈拱形向上姿势
- 双臂固定，肘部旋转，面向身后
- 肋骨向内侧收缩
- 眼睛往下看，略微在你的手前方
- 盆骨向内收缩
- 固定腿部的同时收紧臀部肌肉

7. 在地板上固定双腿

进行这项练习时，背部不应有酸痛感，除非你的姿势不对。在这种情况下，请遵循以下建议来解决问题。

开始之前，起始的姿势非常重要，肩膀应该直接叠在手上。固定手臂，肘部朝向身后。向后、向下压肩使其远离耳朵，不要耸肩。

1分钟的运动

面向地板躺下，双腿伸到身后，手掌伸到肩膀下方，按压地板抬起胸部，双臂伸直，直到手臂垂直于地板，肩膀远离耳朵。你的下背部可能会感到紧绷，可以通过固定双腿并伸展脊椎，将紧绷的感觉从你的下背部移除。然后将你的大腿和膝盖从地板上抬起，交替放松和固定双腿。

重要提示：你的骨盆应处于放松状态。

1分钟的保持

从运动的起始姿势开始，伸展脊椎，保持双腿固定。臀部保持紧绷，肩膀在手的正上方，并在耳朵的后下方进行转圈运动。

8. 提升

练习7中学习到的固定动作就是练习8的起始姿势。这次从起始姿势开始，你需要上提身体。

1分钟的运动

从练习7的保持动作开始，保持手臂伸直，肋骨上提直到脊椎变平，把身体的重量都放在脚趾上。向上、向下的动作来回进行1分钟（完成向下做动作时，不要让大腿碰到垫子）。

1分钟的保持

从上一个动作的保持姿势开始，向上提拉肋骨，保持在顶部位置。重点关注以下内容：

- 双手压在地板上
- 手臂固定并伸直
- 上背呈拱起状态
- 肋骨向内收缩
- 双腿固定并伸直
- 盆骨隐藏在内侧

9. 前支撑状态下卷起盆骨

在练习9中，你需要练习骨盆收紧和放松，同时固定你的双腿。还记得练习3中的动作吗？我们在那里掌握了一个站立的盆骨收紧姿势（参见第46页），这是它的升级版本。

听说过肌肉记忆吗？我可以向你保证肌肉本身并没有记忆力，但是，完成动作确是如此。你的目标是重新连接你的大脑，让它记住如何像你过去那样运动你的身体。

你用基本术语训练一个动作，就像练习1（见第44页）一样，专注一件事。当你掌握了练习9，并不是记住如何运动肌肉，而是你的大脑记录了数百个微小的动作。换句话说，练习变得越复杂，你的身体就越聪明，能够完成的动作就越多。

1分钟的运动

从练习8（参见第51页）的保持动作开始，然后降低以便从肩部到脚趾形成完美的线条，就像完整的前支撑一样。坚持你的线条，转动你的骨盆，将背部慢慢凹陷进去，然后放松使你的上背部拱起、下背部变平。重复整整1分钟，不要让身体向上或向下移动。

记住：收起骨盆时，你会感到臀部肌肉紧绷；放松时，你会觉得能量都释放了出来。

1分钟的保持

抬高自己，保持前支撑姿势并收起骨盆，保持这个动作整整1分钟。

值得思考的要点

你可能会发现抬高之后，脚趾很容易弯曲。我们将在下一个练习中指出脚趾的问题。现在，要习惯于将你的脚跟推向后方，这将进一步帮助你感受到臀部肌肉的紧绷状态。

10. 前支撑的脚趾运动

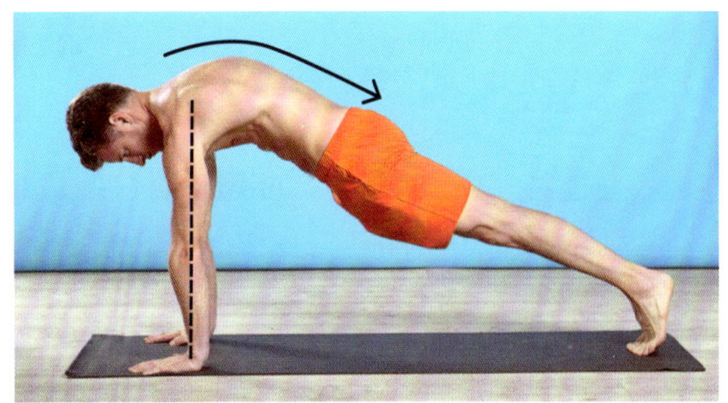

一旦你掌握了练习9，当保持前支撑的动作时，你应该能够让脚趾在放平和弯曲之间缓慢而有意识地变动。

1分钟的运动

按照练习9中保持动作的说明进行操作，但要保持脚趾弯曲。收紧骨盆，微微向前倾斜，减小手腕角度，将脚趾从弯曲变成绷直，同时保持前支撑的固定姿势，来回摇摆1分钟。

1分钟的保持

保持前支撑姿势，脚尖绷直，坚持，重点关注以下内容：

· 手压在地板上

· 手臂固定，肘部向后旋转

· 肋骨收紧

· 盆骨收紧

· 上背拱起

· 臀部肌肉紧绷

· 双腿伸直

· 脚后跟并在一起

· 脚尖绷直

恭喜！

你现在是前支撑（如果你愿意，可以将其称为平板支撑）的大师了。这是承受你身体重量的基础运动。如果你已经准备好迎接更具挑战性的运动，请转到头手倒立练习（参见第110页）并尝试保持3个而不是4个点接触。

生活小技巧

站立的姿势

笔直站立不仅可以让你获得更好的体态、燃烧更多的卡路里、避免关节错位，还可以帮助你增强身体意识和柔韧性。

平板站立

体操倒立，虽然是一项具有挑战性的运动，但它使用的是与前支撑相同的技术。看看做头手倒立的体操运动员并思考：

- 手压在地上
- 肋骨向内收
- 盆骨收起
- 臀部肌肉紧绷
- 脚尖绷直
- 双手固定
- 上背部拱起
- 收起腹部
- 双腿伸直

3

空体保持

空体保持是直接从体操运动中借鉴来的动作，这项练习不仅可以教你如何保持身体处于直线状态，还可以突出你身体部位的问题：肩部是否紧绷？臀部是否紧绷？核心区力量、脊椎的柔韧性甚至腿部柔韧性是否需要提高？这个练习将涵盖所有的内容。

在这个练习中会有很多动作同时进行，如果你能慢慢地、耐心地按照步骤练习，那么除了能够完成空体保持动作外，你还将完全了解你的身体正在做什么，以及它可以达到什么样的状态。

你将学习如何收紧腹部的同时，锁定手臂，让肩膀向外旋转（打开），肋骨拉入并对接。

优点

» 减轻下背部疼痛感

» 增强核心区力量

» 提高肋骨活动度

» 提高肩部柔韧性

» 提高髋部柔韧性

» 更好地了解你的身体

» 为实现头手倒立打下基础（参见第110～125页）

1. 滚动收起

练习1的目的是为了让你习惯脊椎与地面的接触，这也是一次很好的热身运动。

最重要的一点是确保你感觉得到下背部与地板接触。当你完成本章的10个练习时，你会发现进行脑与身体的连接越来越具有挑战性。现在花点时间掌握背部如何与地板接触，一旦你完成更复杂的动作，你就不太可能失去注意它的能力。

1分钟的运动

坐在垫子上，确保后面有足够的空间让你向后滚动。把你的膝盖向腹部收起，用手抱住，将双脚平放在地板上。然后抬起双脚并开始向后滚动，将脊椎的每个部分都与地板接触，直到脊椎顶部。再立即向前滚动，直到双脚接触地板。

像这样向后、向前滚动1分钟。

1分钟的保持

躺在垫子上，将膝盖放在胸前，将自己卷成一个球。臀部、头部和肩部离地，将下巴收到你的胸部位置，保持住。当你保持动作时，请注意用背部用力按压地板。

2. 在空体保持的过程中控制腹部肌肉

在练习2中，你将致力控制你的腹部肌肉，可以通过以下两种方式进行训练：

- 挤压腹部（外部）
- 吸收腹部（内部）

要掌握空体保持，你需要花一些时间了解外在和内在之间的区别。对于空体保持，重点是吸收（内部）。

当你紧缩时（左下图），肋骨底部和肚脐之间的距离会减少，你的上背部从地板上升得更高，你的下背部压在地板上。这是挤压腹部（外部）。

当你吸收时，你的上背部离地板更近（右下图），你会增加肋骨底部与肚脐之间的距离。你的下背部与地板保持接触，肩膀从地板上抬起。这是吸收腹部（内部）。

在这两个动作中，你的下背部必须与地板保持接触。

1分钟的运动

躺在地板上，膝盖弯曲，双脚离地，双臂放在身体两侧。慢慢挤压你的腹部，抬高你的上背部和肩部，同时保持你的膝盖收起。抬起你的手臂（左下图）。当你到达运动的顶部时，吸收你的腹部并将你的脊椎慢慢放到地板上，保持双脚抬起。在挤压腹部（外部）和吸收腹部（内部）之间来回缓慢切换。

1分钟的保持

从起始姿势开始，抬起身体，使其处于吸收（内部）姿势。吸收你的腹部，头和肩膀离开地板，双脚离开地面，双膝向腹部收起，下背部应保持与地板接触。

挤压（外部）

吸收（内部）

3. 高级的腹部控制

练习3与练习2相比，唯一的变化是膝盖相对远离腹部，脚部靠近地板。这是在训练运用你的腹部肌肉保持腿部重量的同时，用手支撑住你的头部（不要推）。

1分钟的运动

仰卧在垫子上，膝盖弯曲并向胸部收起。将双手放在头后，抬起双脚在地板上方盘旋，抬起头部、颈部和肩部。在卷腹（收紧腹部）和高级卷腹（将双手放在头后，脚趾向下靠近地板）之间切换，使双脚离开地板，下背部要与地板保持接触。

提示：从内在看，意味着你正在收紧腹部，从外部看，则意味着你在挤压腹部。

1分钟的保持

从上一个动作的起始姿势开始并采用内部姿势：吸收腹部，头部和肩部离开地板，脚部在接近地板处盘旋，下背部始终与地板接触，保持住。

4. 手越过头顶时的肋骨控制

在练习4中，你将练习控制肋骨。躺在一张垫子上，双手持一个瑜伽块（或一本书）。首先，我想让你测试一下你的脊椎和肩膀的活动能力，看看你能否手持一个瑜伽块接触到你身后的地板。如果你一开始碰不到地板也没有关系，但最终你需要让瑜伽块接触到地板，且不能把背部从垫子上抬起来。如果你的背抬起来了，你就和目标相去甚远了。

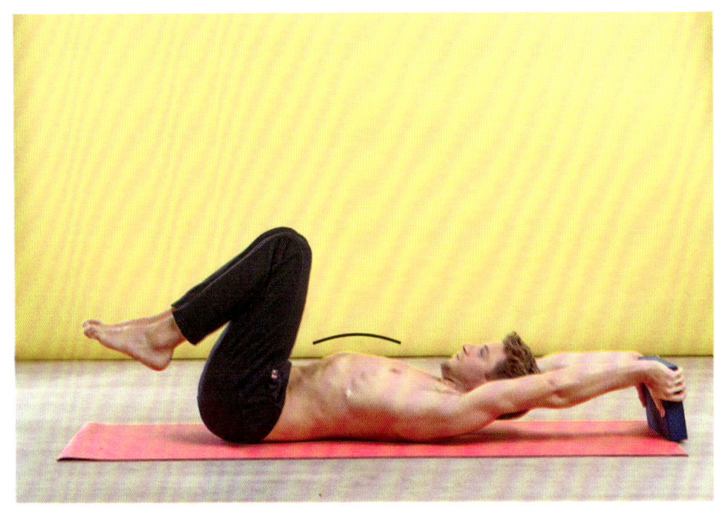

1分钟的运动

以收拢的空体保持姿势躺下（参见第57页），双手持瑜伽块（或书）尽量远离头顶。你的背部不应该离开地板，然后向前和向后运动你的手臂整整1分钟。

1分钟的保持

从收拢的空体保持姿势开始，把肋骨拉紧，收紧腹部。把你的手臂尽可能远地举过头顶，并使你的肋骨收紧。保持动作。

5. 推/拉

我上过多年的瑜伽课程，一直希望有人把我拉到一边，告诉我如何正确地进行力量训练。然而直到我接触体操，我才开始真正擅长力量训练。

当你第一眼看到下图时，你可能会说："我知道这怎么做。"相信我，这不是你想的小儿科姿势，也不是肩部伸展，尽管它看起来很类似。这是一项艰难的锻炼，需要力量和柔韧性。你需要知道两件事：

- 拉是指你的腹部收紧（向内，如练习1）
- 推是指手臂向外旋转（打开）并主动推开

重要提示：不要把你的胸部压到地板上，也不要让肩膀塌陷，背部必须保持平直，否则你将得不偿失。

1分钟的运动

跪在垫子上，向身体前方伸展你的手臂，用手的外侧触地，拇指朝上，这将使你的肩膀向外旋转（张开）。用你的指尖（拇指向上）主动向外推，并收起腹部，你的胸部会更接近地板。不要弯曲你的手臂，保持肘部固定，用推拉动作来进行练习。

1分钟的保持

从运动最后一个动作的姿势开始，看着你的双手，同时双手互相握住，主动向外推并收起腹部。当你拉起腹部的时候，你的臀部应该在膝盖的正上方。右下图是从另一个角度以坐姿展示了你的肩膀应该做什么、不应该做什么。在右上图中，肩膀向内旋转（闭合）；在右下图中，肩膀向外旋转（打开）。

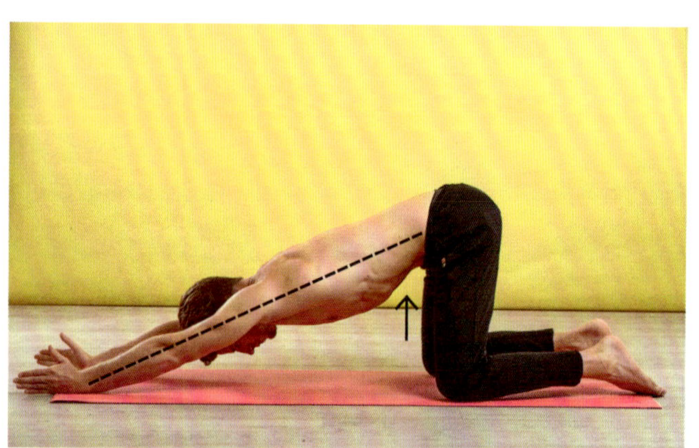

6. 固定腿部形成“金字塔”

固定腿部“金字塔”将提高你头顶的活动范围——这是你将用来完成全部空体保持运动所必需的。我建议你在做这个练习前充分掌握练习5，因为它和练习5几乎一样，只是腿部需要固定。如果你做过瑜伽，就知道这看起来有点像“下犬式”。它们有相似之处，但是你的注意力应该集中在你的肩膀上，而不是关注把脚跟平放在地板上。

为了正确和安全地进行这个练习，你需要：

- 用手推
- 用腹部拉

1分钟的运动

从四肢触地开始，两手距离与肩同宽，手指指向前方。将膝盖从地面上抬起，踮起脚趾，使身体离地。从这里开始，一边收紧你的腹部，一边用力地把自己推离地面。你要把你的臀部顶到尽可能高的位置，降低你的脚跟，从手腕到臀部形成一条直线。固定你的腿，形成“金字塔”姿势。在1分钟内慢慢地完成这些动作。

1分钟的保持

保持动作结束时形成的“金字塔”姿势，同时收腹，用手推地板。这将使你的脊椎变得平直，并且你的后背也可以给肩部提供旋转力，注意你的腿应该一直处于固定状态。

7. 单腿空体保持

在练习7中，你将看到你的腿伸直时在做什么。脚趾向前指对你收紧臀部极其有帮助，这在锻炼中是必不可少的。继续只专注于收腹将不再有助于你的锻炼，我们必须让臀部也参与进来，才能成功实现进步。

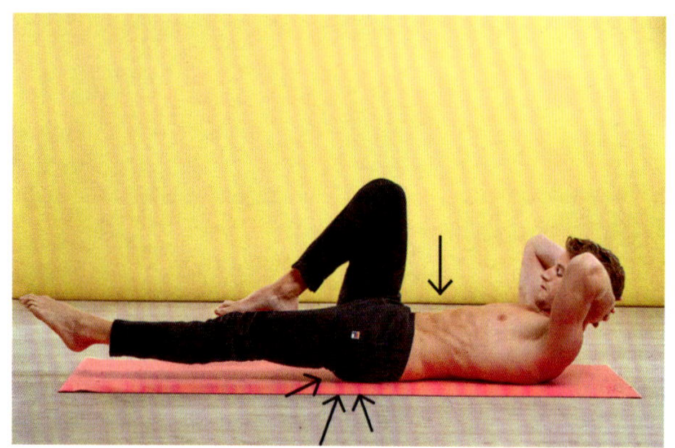

1分钟的运动

以空心抱膝姿势躺下（见第57页），收紧腹部，从地板上微微抬起你的肩膀。把手放在脖子后面（支撑，不要推）。伸出一条腿，脚趾向前，挤压你的臀部，同时固定住你的腿。伸出的脚稍微离开地面时，你应该积极地把它压低。

提示：收拢腿的目的是帮助你的腹部保持收紧。现在，把你伸出的腿放回抱膝位置，同时伸出另一条腿，脚趾向前，不接触地面。当那条腿完全伸展时，慢慢地把它收回来，再伸展另一条腿。保持两条腿慢慢交替运动。

1分钟的保持

保持一侧抬腿30秒钟，然后换腿（如果你愿意，也可以在你感觉力量较弱的一侧多花些时间）。关注以下几点：

- 腹部收紧
- 挤压臀部肌肉
- 固定膝盖位置
- 脚趾向前
- 固定伸出的腿

进阶：一旦你觉得能够在两侧各保持30秒，就改为两侧各保持1分钟。

8. 墙面空体保持

墙面空体保持的动作设计需针对你的核心区力量和腿部柔韧性进行同步锻炼，因为它们之间相互影响。

1分钟的运动

从空心抱膝开始（见练习2，第57页），臀部尽可能靠近墙壁，双手支撑头部。你的目标是通过伸展你的腿，从抱膝位置移动到伸直腿的位置。你的脚不能碰到墙壁，脊柱必须始终与地面保持接触。维持整整1分钟。

1分钟的保持

尽可能收腹，这样你的腿才能离开墙壁。脊椎应与地板保持接触，腿保持固定且伸直。

提示：如果你的脚无法离开墙壁，那就让身体向后移动一些，直到你能舒服地保持这个姿势1分钟，确保背部始终在地板上。

进阶：当你准备好之后，离墙壁更近一些，这样你的腿就可以以开始时的姿势靠在墙上。然后，将它们从墙上移开并保持1分钟。

进阶动作

9. 双腿空体保持

在练习9中，你将再次看到腿部在空体保持中的作用。在尝试这个动作之前，确保你已经掌握了单腿空体保持（练习7，第62页）。

提示：这个练习中最常见的错误是打开了胸腔（见第58页），这会给你的下背部带来压力。

1分钟的运动

从双脚朝上的姿势开始，腿部稍微向头部方向倾斜（仿佛在远离一面想象中的墙）。从这个位置开始，慢慢地，在保持背部平坦的同时将双腿放低，但不要让双腿接触地板，确保你的下背部始终与地板接触。继续上下移动你的腿整整1分钟。切记：收紧你的臀部和腹部。

提示：只有当你的腿放低并接近地面时，你才能够挤压你的臀部。在抬起腿之前，确保你在腿部最接近地面时挤压了臀部。

1分钟的保持

按照动作步骤，将腿放低。让它们稍微离开地板，脚趾向前，尽可能长时间地保持，最好保持1分钟。如果你感觉自己动作偏移并且你的下背部脱离地面而拱起，那就退回到单侧腿动作，或者收拢膝盖。集中精力保持以下几点：

- 收紧腹部
- 挤压臀部
- 固定腿部
- 脚趾向前伸
- 下背部保持在地板上

提示：把你的手放在脖子后面，这样在你运动的时候能够帮助你缓解颈部的紧张。

10. 将一切串联起来——完全空体保持

练习10将测试你的肩膀活动能力和核心区力量，创造出一个完整的空体保持。收紧腹部，让你的下背部紧贴地面，这将考验你的核心区力量。肩膀的活动能力将决定你是否能将手臂举过头顶。练习目标就是能把你的手臂放在身后的地板上，同时抬起腿，背部保持与地板接触。（正如你在图中所看到的，我在完成这个运动的时候受到了一些限制）

在开始进入完全空体保持之前，你可以尝试做单腿抱膝的练习，首要任务就是保护你的下背部。

1分钟的运动

以练习4的最后一个姿势开始（见第59页），双臂放在两侧，手臂尽可能举过头顶，这样肩膀就可以向外旋转。不要只是张开肩膀，而是要努力将手伸远，手持一块瑜伽块会对此有所帮助。当你的身体向后压时，固定手臂，肘部窝（手肘内侧）相对，伸直腿，就像练习9的最后一个姿势。双臂伸过头顶，保持腹部收紧，双脚离开地面。重复动作。

1分钟的保持

平躺，完全伸展，双腿悬停在地板上方，手臂完全伸展并固定，保持这个姿势1分钟。

生活小窍门

办公室伸展运动

坐在你的办公椅上，好好享受这个生活小窍门。把你的手臂放在身后，用手紧握椅背，确保：

- 肩膀向后伸展
- 手臂固定
- 腹部收紧

这将有助于保持你的肋骨不外翻，就像他们在“空体保持”里一样。当你第一次向后伸展肩膀时，你的胸腔就会打开。收紧腹部可以增加拉伸力度。

值得深思的事

我记得我在几年前就开始练习“空体保持”了。让我感到惊讶的是，我发现让我的下背部接触地板，收腹，甚至是做抱膝的姿势，都极具挑战性。

在开始训练之前，我通过负重训练来应对这些练习项目，就像大多数年轻人一样，我去健身房举重，做常规的仰卧起坐和二头肌弯曲练习。如你们所想的那样，我相信这会让我变得很强壮。然而，空体保持揭示了我实际上取得的“成就”：我变得极度紧张，在我生来就有的自然运动中妥协了。

尽管在健身房锻炼并不是完全浪费时间，但是我需要花费大量时间来消除因负重训练而造成的各种生理变化，并且不能正常运动。

和你一样，我生来就有全方位的运动能力。知道这一点，我就有可能在余生中找回所有的运动能力。人们问我如何变得灵活，我简单地回答：“你天生就很灵活，只需要投入一些时间来恢复你的柔韧性而已。”

我从来没有体验过收紧腹部的感觉。当然，我做过仰卧起坐、平板支撑，甚至玩过健腹轮和瑜伽球，但是我在锻炼的时候总是将胃部紧绷着（挤压我的腹部），而不是像我说的那样从胸腔里收腹。收腹是把你的身体训练得从里到外都无比强壮的关键点之一。

4

青蛙站姿

青蛙站姿对技巧的要求很高，但是，你需要从一开始就知道青蛙站姿和头手倒立（参见111页）一样，它们不是一种平衡练习，这一点很重要。要完成这个练习，你需要经历多次失败的尝试。我所说的失败是指你无法理解它的动作原理，但是，通过一些扎实的实践和一次次地纠正之后，你会惊呼“我做到了”！此刻，一切训练成果都会显现。

练习青蛙站姿好比在坚实的地基上建造房子，一次又一次地尝试平衡不仅会导致潜在的伤害，而且会导致你失去继续进步的能力（如果你想做出倒立动作或第68页上的动作，请参见“起飞”练习，第122页）。这是一个需要慢慢来的练习，一点一点地提升，一步一步地前进。你一生中大部分时间都是靠脚站立的，所以请耐心，你可能需要一段时间来适应用手支撑身体的重量。

我喜欢这个练习，因为它不仅要求我保持清醒，还能帮助我增强离开舒适区的信心。此外，它还能强身健体，帮我训练身体中的神经通路。

你有想过“我是怎么站起来的”这个问题吗？没有吧。我向你保证，在学会站立之前你花了几个月的时间，每天都在努力练习，而不会想这个问题。当你用青蛙站姿站起来的时候，把这个练习当作你孩提时代学习走路时那样。练习，练习，练习！总有一天你会永远掌握它。

优点

- 改善手腕柔韧性
- 训练核心区力量
- 更好地了解你的身体
- 增强手臂、背部和肩部力量
- 增强信心

值得深思的事

固定的神经通路是右撇子不能用左手写字的原因，反之亦然，人们可以通过训练自己用另一只手写字来开发另一侧大脑。当我们掌握了一个新的动作，或者获得了平衡能力，我们就不一定要训练那些你常用的运动肌肉来重新连接你的大脑。创造新的神经通路，完全掌握它，以便使这个动作成为你的能力之一，就像站立一样。

1. 手部支撑

想在明天早晨起床的时候感到颈痛吗？你肯定不想，我也是。所以我们要把手部动作做对，如果你的手没有完全正确地支撑你的身体，那么你的头会代劳，这就意味着颈痛。如果在任何初次锻炼中你感受到颈痛，那说明你没有按照正确的顺序进行锻炼。

1分钟的运动

准备1～2块软垫子，将1块垫子放在另一块上（如果有必要的话），将垫子的较短边靠在墙边，面朝墙壁跪下。你要做出的第1个姿势是：头和颈部倒过来靠在墙壁上；手压在膝盖两侧的地板上；肘部弯曲成直角，并且向你的身体两侧靠。目标动作是每次抬起一侧膝盖，并将其放在同侧的肘部上。换个姿势，抬起另一侧膝盖，然后持续1分钟。

1分钟的保持

从动作的起始姿势开始，抬起一侧膝盖，用同侧的手肘支撑30秒。然后放低膝盖至地面，抬起另一侧的膝盖，重复上述动作。如果你感觉有了进步，就给自己一个挑战，身体的每侧做1分钟。当你完成动作的时候，问问自己：我的颈部或头部是否感到紧张？如果答案是肯定的，那么你需要训练你的手和手臂来获得更多的支撑力。你的头部虽然与地面接触，但它不应是身体的主要支撑物。

提示：记住，这个支持练习的目的是教你掌握手的放置位置。用食指关节压在地板上，可以给你提供足够的力量来支撑你的膝盖。此外，确保肘部紧贴身体两侧（见右下图）。

2. 双腿伸直的手臂支撑

在练习2中，你需要伸直双腿，保持手臂、头部和肘部在同一位置：头靠墙，肘部抬高并且放于身体两侧，前臂与地面成直角。脚尖向前倾斜有助于使上背部靠在墙上。但是，如果这会给你的头部带来压力，那就把你的脚往后挪一点。

提示：你的头部应该正好靠在墙上，不要让头部从墙上移开，否则这会让你扭到脖子。

1分钟的运动

面向墙壁跪下，头部和颈部倒过来靠在墙壁上，双手压在膝盖两侧的地板上，肘部弯曲。慢慢伸直双腿，用手推地板，抬起膝盖，使脚尖触地，前臂与地面保持直角。不要让你的手肘伸到旁边。抬起、降低你的身体，交替1分钟。

1分钟的保持

从动作的起始姿势开始，抬起膝盖，保持直腿的姿势。如果一开始这对你来说太困难，那就稍稍弯曲你的膝盖。腿部的柔韧性和核心区的力量将对这个练习产生影响。在保持动作时，请注意以下几点：

- 头部紧贴墙壁
- 前臂与地面成直角
- 肘部靠近身体
- 双手压实地板
- 收紧腹部
- 上背部需靠墙

3. 将膝盖放在手肘上

在练习3中，你需要将一侧的膝盖放到同侧的手肘上方。有些人会感觉到手腕疼痛，这是身体的反应，需要你的手臂足够强壮来保持这个姿势，让手的位置离墙壁更近一点会有帮助。我们的目标不是感受疼痛，而是通过感受到的感觉来了解身体。

起始姿势与练习1相同：头应该靠在墙壁上，手腕位于膝盖旁边，双手紧紧地压在地板上。

1分钟的运动

从起始姿势开始，抬高膝盖，双腿伸直。弯曲一侧膝盖，放在同侧的手肘上，然后重新伸直腿。另一条腿重复上述步骤。两腿交替1分钟。

提示：手要用力按压地面，以避免头部承受压力。经过这项练习后，你的手臂应该感到有些疲劳。

1分钟的保持

从起始姿势开始，双腿伸直。用肘部轮流支撑每侧膝盖30秒。如果想要进阶，每侧就支撑1分钟。

4. 弯臂倾斜

在练习4中，你将不需用墙壁，尝试一个与青蛙站姿直接相关的姿势，它可以帮助你增强手臂的力量，并教会你判断前臂的位置。

1分钟的运动

跪在垫子上，然后把手放在地板上，肩膀位于手腕正上方。弯曲你的肘部，上身向前倾斜，通过这种方式使身体降低。当前臂和上臂在肘部形成直角时，停止。你的鼻子和胸部不能接触地板。肘部伸直。弯曲手臂、伸直手臂，两个动作慢慢交替，你的膝盖始终要在地板上。

1分钟的保持

四肢触地，双臂伸直，向前倾斜。下降，弯曲手臂，前臂和上臂形成直角，保持。你的肘部应该向身体收紧，且位于手腕正上方。

值得深思的事

在我年纪更轻的时候，我经常做俯卧撑。然而，我认识到我的坏习惯使我无法完成正确的青蛙站姿，比起我从未做过俯卧撑时，我现在花了更长的时间重新学习肘部俯卧撑。所以，你应该以无可挑剔的技巧进行训练，将基础知识落实到位，这样不仅可以防止受伤，还可以确保快速进步。在这本书里，每一项练习都会引导你进入下一项，逐步推进到最后一项练习。对于青蛙站姿来说，理解精益是成功的基础。不仅如此，还有额外奖励！它还会有助于你完成倒立动作和L形坐姿，正如我叔叔常说的——“一环扣一环”。

5. 弯臂倾斜，收拢骨盆

在练习5中，你将重复练习4的部分动作（参见第73页），只是这次你将完全收拢骨盆（参见第52页）。

1分钟的运动

动作开始时，把四肢放在垫子上，骨盆收拢，挤压臀部。肘部弯曲，身体前倾，收拢骨盆，身体降低，就像练习4中一样（参见第73页）。在做弯臂姿势时暂停几秒钟，肘部保持直角。你的肘部应该贴近身体且位于手腕正上方。在弯曲的手臂和伸直的手臂之间慢慢上下切换，保持骨盆收拢。

提示：保持肘部向内收，身体前倾，这些是为青蛙站姿创造坚实基础的关键步骤。

1分钟的保持

从收拢骨盆和伸直手臂的姿势开始，然后向前倾斜，下降到弯曲手臂的姿势，使手臂在肘部区域形成一个直角。保持这个动作整整1分钟。

6. 弯臂倾斜，伸直腿部

在练习6中，你将要完成一个与青蛙站姿直接相关的姿势，这次将会从普通的平板支撑开始，但是骨盆不用收拢。这些姿势形成了基本的前支撑俯卧撑。

1分钟的运动

从骨盆未收拢的平板支撑姿势开始（见第53页），将身体压低，在双臂弯曲的状态下暂停，肘部形成一个直角。慢慢地上下移动，向下时身体向前倾斜。此时只有你的脚趾和手与地板接触。

1分钟的保持

从起始姿势开始，将身体压低，直到你的手臂形成直角，此时只有你的脚趾和手与地板接触。保持这个动作整整1分钟。注意肘部应该贴近身体且在手腕正上方。

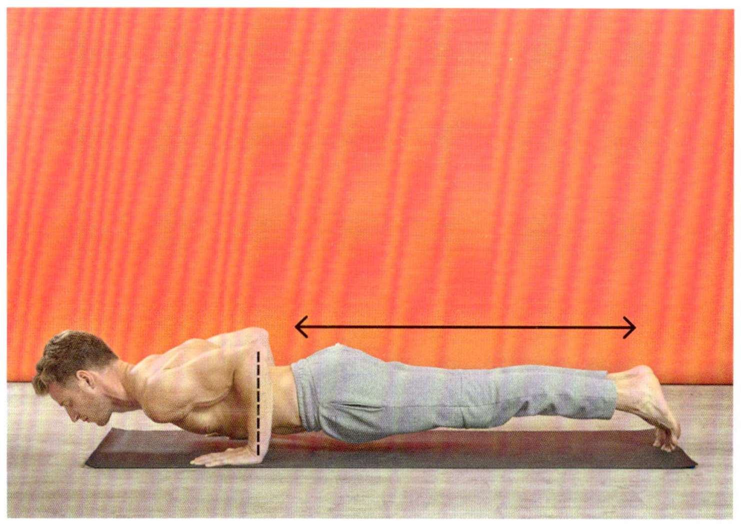

7. 弯臂倾斜，骨盆前倾

在开始练习7之前，你需要熟悉练习4、5、6，以及坚实的前支撑动作。练习7结合了骨盆和直腿的动作。

1分钟的运动

从常规的平板支撑姿势开始，骨盆收拢，挤压臀部。向前倾斜，将身体压低，在弯臂姿势暂停，前臂与上臂形成直角，此时只有你的手和脚趾接触地板。在弯臂和直臂之间缓慢上下切换。

提示：在这个动作里，身体倾斜程度不够会导致你的肘部向两侧后倾，这会给你的身体带来不必要的压力。让你的手肘贴近你的身体，并且肩膀向前倾斜对青蛙站姿是至关重要的。

1分钟的保持

按运动流程进行，直到你处于压低身体的弯臂姿势，保持这个动作整整1分钟。将肘部贴近身体，确保肘部在手腕正上方。

8. 翻滚到2个瑜伽块上方

在练习8中，你需要克服恐惧，为了帮助你，将垫子较短的一边靠墙放置，并在墙脚放置尽可能多的瑜伽块，至少放置2个瑜伽块。这样可以减小你在头碰到地板前需要向前倾斜的角度。这项练习非常有助于提升你的信心。

提示：不要刻意地从垫子上抬起你的脚，而是在向前倾斜身体时让你的脚跟随你的身体运动。信不信由你，前4个练习已经教会你怎么去做这个动作。在继续练习之前，确保你对之前的练习有信心。

1分钟的运动

踮起脚尖下蹲，双手放在身体前方的地板上，手掌平放，手指朝向前方，手肘朝向身体后方。将膝盖放在肘部上，弯曲肘部并向前倾斜，直到你的头碰到瑜伽块。这个动作会使你的脚从地上抬起来并放在你的肘部上。再次慢慢地往回翻滚到起始姿势，这是为了在你向前和向后翻滚时建立信心，并让你习惯离开地面的感觉。

1分钟的保持

从运动的起始姿势开始。翻滚，使你的头部放在瑜伽块上。保持结束姿势1分钟，膝盖放在肘部，前额在瑜伽块上，脚离开地面。

9. 翻滚到单个瑜伽块上方

在开始练习9之前，确保你对练习8有充分把握，因为你会再次进行练习8的动作，但这次只摆1个瑜伽块（如果你上次用了2个以上瑜伽块的话，就减少瑜伽块的数量）。减少瑜伽块的数量会增加你向前翻滚的幅度，这个练习对提升自信心并掌握正确的技巧是很有帮助的。

1分钟的运动

像练习8一样，从踮起脚尖下蹲开始（见第77页），将膝盖放在肘部上，弯曲肘部，向前翻滚，直到你的头碰到瑜伽块。

1分钟的保持

从踮起脚尖下蹲开始，向前翻滚，将你的头放在瑜伽块上。此时你的膝盖应该放在肘部上，前额在瑜伽块上，并且双脚离地。保持1分钟。

10. 青蛙站姿

这就是完整的青蛙站姿。不要忘记，不体面的失败对你没有什么坏处。我花了好几个月时间，学会了适应失败。如果你的青蛙站姿看起来和右边的图③相似，我很高兴地告诉你，你做对了。

做错也是好的

1分钟的运动

从踮起脚尖下蹲开始，将膝盖放在肘部上，向前倾斜。这一次没有瑜伽块，所以继续，慢慢地，直到你找到那个位置，就好像你停留在瑜伽块上一样。注意以下几点：

- 双手压在地板上
- 挤压肘部
- 脚后跟往臀部收

像这样前进、后退，整整1分钟。

1分钟的保持

练习越多，你就越需要放慢速度，直到你最终完全停下来完成青蛙站姿。此时你的臀部应该悬空，手肘位于手腕上方，脚趾朝后，膝盖放置在手肘上。

生活小窍门

翻跟头

本次生活小窍门就是在地板上打滚。尽可能多地在地板上滚动。当你觉得足够了，可以试试青蛙站姿翻滚。

找一个柔软的平面和一些你不介意弄乱的衣服，像个蹒跚学步的孩子一样四处玩耍。训练并不一定是一个结构化的过程，它也可以是一个舒适的过程，你可以一边前进一边运动。除非你不怕摔倒，否则你总是会逃避青蛙站姿。你可能会问我："罗杰，如果我伤到自己了怎么办？"

以下就是我的回答：

青蛙站姿翻滚

青蛙站姿翻滚是对力量、技巧和信心的测试。如果你已经小心翼翼地完成了青蛙站姿的所有过程，这个练习将会非常有意义。当你的膝盖位于肘部上方，肘部被拉入身体两侧时，手臂间会形成一个缺口。这个缺口是你翻滚时头部会经过的地方。

提示：确保在一个柔软的平面上来进行这项练习。记住："失败是成功之母！"

在翻滚的过程中，一定不要让你的头碰到地板。一定不要！如果碰到了，说明你的肘部已经塌陷了。你不能用塌陷的肘部做翻滚，因为那样你就失去了支撑力。正如头手倒立（见110页）一样，你的手需要紧紧地压在地板上，通过肘部向内拉来产生支撑你的力量。

因此，从踮起脚尖下蹲开始（见第77页），将膝盖放在肘部上方，向前倾斜并翻滚，将头穿过手臂间的缝隙。当你翻滚的时候，让下巴贴近胸部，把手压在地板上，把手肘收进身体。反复练习。

值得深思的事

你的每次久坐，都是在伤害自己。你的身体将变得越来越僵硬，不灵活，衰老和虚弱的过程也会加速。所以，我们应该像蹒跚学步的孩子那样，无忧无虑地四处乱跑。如果你完成了青蛙站姿，你将会因为克服了完成青蛙站姿的恐惧而获得额外的成就感。

5

腿，腿，腿

我们倾向于把柔韧性看成是热身或运动之后再练习的东西，但是在本书的前半部分中，我们发现了我们是天生就具有柔韧性——能够全方位运动关节。恢复并保持这种柔韧性对身体健康是必不可少的。

当我第一次开始锻炼时，我会说我的运动使用了10%的柔韧性和90%的力量。然而，现在我提倡的是80%的柔韧性和20%的力量。为什么？因为当你达到较高的柔韧性时，使用力量就会变得不费吹灰之力。

如果你的身体缺乏柔韧性，那么在运动中受伤的可能性就更高。肌肉和关节紧绷会造成伤害，你不仅会受伤，也会陷入沮丧。本章的重点就是回归腿部训练。

优点

- 改善腿部柔韧性（明显）
- 改善脊柱柔韧性
- 提高髋部柔韧性
- 学会处理不适感
- 提高身体知觉

1. 腿部固定练习

腿部固定练习是腿部柔韧性练习里不可缺少的部分。事实上，它在本书的大部分练习中都会出现。因此，在练习1中，我将告诉你如何完全固定住你的腿。如果你仔细想想过去做过的所有腿部运动，甚至是日常活动，你可能会发现你的腿大部分时间都处于弯曲状态：弓步、蹲下、走路、慢跑、跑步、跳跃，等等。所以在保持双腿伸直的同时触摸脚趾就会变得非常困难，因为你已经把你的腿训练得擅长弯曲。这是很好的，但是它们也需要擅长伸直。

1分钟的运动

坐在垫子上，背部挺直，双腿伸直，双脚翘起。把手放在身后，手指朝后。使膝盖的背面贴在垫子上，这样脚后跟就会离地。当你的脚后跟在垫子上方时，固定你的腿部。这里你并没有抬起腿，只是挤压腿前部的肌肉，这样膝盖就会向下压，脚后跟就会从垫子上抬起来。

1分钟的保持

从动作的起始姿势开始，然后挤压腿部肌肉，使膝盖的背面紧贴垫子，保持双脚翘起，使双脚后跟离开地面。保持这个动作整整1分钟。你也可以尝试通过脚趾朝上来完成这一动作。

2. 柔韧性练习1

在练习2中，你要用垫子的长度来测试你腿部的柔韧性。

你的目标是让你的指尖接触地面，同时保持你的腿伸展开，然后直腿固定。

提示：注意力集中，保持腿前部固定，即便你需要让你的指尖在地上的位置向前一点。

1分钟的运动

把垫子铺好，使它的长边垂直于你的身体。脚趾贴近垫子的边缘，两脚距离尽可能宽一点。向前倾斜，双腿固定，直到你的指尖碰到地板。

保持你的指尖与地面接触，在轻微弯曲膝盖和固定腿部之间切换动作。这个轻微的移动会帮助你感觉到未固定和固定的腿部之间的区别。

1分钟的保持

以宽腿距的姿势站立，向前弯腰，手指尖触摸垫子，固定你的双腿并保持。

提示：你的指尖应该始终与地面保持接触。

3. 柔韧性练习2

在练习2中，你需要沿着垫子的长边尽量伸展双腿。练习3将会考验你的柔韧性，因为你双脚之间的距离只能和垫子的短边长度一样。

提示：在支撑的过程中，你的腿必须保持固定。这不是一个放松的运动，它是富有挑战性的，但也是非常有益的。

1分钟的运动

从练习2的起始姿势开始（参见85页），但这次两脚之间的距离要和垫子短边的长度一致。向前倾斜身体直到指尖落地，如果需要的话，双腿伸直，脚后跟离开地面。保持手指与地面接触，在稍微弯曲腿部和伸直双腿之间切换。

1分钟的保持

保持双脚在垫子的短边上，弯腰，让你的指尖触到垫子，完全固定住你的腿。保持这个动作整整1分钟。

提示：要用手指与地面接触来固定你的腿，指尖和脚之间的距离越远，这个练习越容易。

4. 宽腿距运动

这项练习需要一定的推拉力量，“推”来自你压向地面的指尖，“拉”来自你的腹部。借助这两个动作，将你的臀部向后压。我们的目标是让你的臀部尽量向后伸展，而指尖不离开地面。

提示：恢复保持柔韧性是一个长期的目标。在开始的阶段不必担心来回移动的范围不够大，要有耐心，始终如一地坚持。

1分钟的运动

从练习3的起始姿势开始（见第86页），保持双腿和双臂伸直，在前倾和后压之间来回切换。当你向前倾斜身体时，你的肩部重量会压在手上。当你向后压时，要尽力把臀部往回收，过程中尽量不让指尖离开地面。

1分钟的保持

保持你两脚之间的距离和垫子长边的长度一致，以你的指尖为支撑向前倾斜身体，把你的指尖压到地面上，同时向上收紧你的腹部。保持这个动作整整1分钟。你的手臂应该保持伸直，你的腿部应该保持固定。

5. 窄腿距运动

和前面的练习一样，练习5需要同样的推（指尖）和拉（腹部）的平衡。

1分钟的运动

从练习3的起始姿势开始（见第86页），保持双腿和双臂伸直，在前倾和后压之间来回切换。当你向前倾斜身体时，你的肩部重量会压在手上。当你向后压时，要尽力把臀部往回收，过程中尽量不让指尖离开地面。

提示：随着你的进步，让你的指尖逐步靠近你的脚，然后再试一次。

1分钟的保持

双脚距离和垫子短边一样长，身体前倾，指尖压到地面。下收腹部，尽量把臀部往后压，不要让指尖离开地面。保持动作整整1分钟。

6. “致命弱点”

所有运动的“致命弱点”位于腿后部的某个部位，当你的脚平放在地上练习时，你就会比较习惯。对于这个动作，你需要几个不同大小的瑜伽块或几本书来帮助你进行练习。

1分钟的运动

以站立姿势开始，把一只脚的脚掌放在一个矮的瑜伽块或者一本书的上面，保持你的脚跟与地面接触，抓住支撑物来支撑你的身体。保持双膝固定，在弯曲手臂和伸直手臂之间缓慢切换，双脚朝向前方30秒。换边，用另一条腿重复动作。

1分钟的保持

保持膝盖固定并保持30秒，换边并重复动作。

提示：你的支撑物越矮，这个动作就越具有挑战性。努力让你的指尖触碰地面，随着你的进步，可以尝试用你的手掌去触碰地面。

7. 蹲起

在练习7中，你要从蹲姿开始做伸展运动。在这里你不需要完全下蹲。你会发现，你练习得越多，下蹲就完成得越好。

开始时，尽量进行从下蹲到站立的大幅度运动，同时保持你的手指尖停留在同一个地方。

1分钟的运动

保持双脚距离和垫子的短边一样长，下蹲，让胸部靠在大腿上。指尖放在你前方的地面上，向前伸得足够远，这样你就可以完全伸直双腿。保持脚和指尖的位置不变，从蹲姿慢慢向上移动到固定站姿。

1分钟的保持

从运动的起始姿势开始，站起来，在直腿姿势时保持动作，努力保持臀部在脚的后方。

提示：如果你觉得这些练习很难，试着把你的指尖放在一个瑜伽块上，而不是地面上。

8. 进阶蹲起

在练习8中，你将和练习7一样从蹲姿开始做伸展运动，但是这次你的整个手掌应该放在地面上，而不单单是指尖。

1分钟的运动

保持双脚距离和垫子短边一样长，下蹲，让胸部靠在大腿上。手掌放在你前方的地面上，向前伸得足够远，这样你就可以完全伸直双腿。保持脚和手掌的位置不变，从蹲姿慢慢向上移动到固定站姿。

1分钟的保持

从运动的起始姿势开始，站起来，在直腿姿势时保持动作，努力保持臀部在脚的后方。

9. 前拉

在练习9中，你需要一个坚固的、不可移动的物体，比如固定在墙上的散热器或者沙发。把它们放在身体前方，因为你需要使用这个固定物来帮助你。再找一个有足够空间张开腿的地方。

1分钟的运动

面朝固定物坐下，双腿尽量伸展，目的是让你的上半身尽量向前。抓住固定物，向前拉，弯曲手肘，把上半身拉向固定物。这个动作应该让你感觉到把臀部向后推到一个未凹陷的骨盆中（参见第38页）。

1分钟的保持

你的目标是保持脊椎伸直并且使胸部尽可能向前，尽量不要弯背。将臀部向后按压到未凹陷的骨盆中，将胸部向前拉。注意不要向前伸你的脖子，这个动作主要运动你的脊椎、骨盆和胸部。拉到最前方的位置，然后保持1分钟。

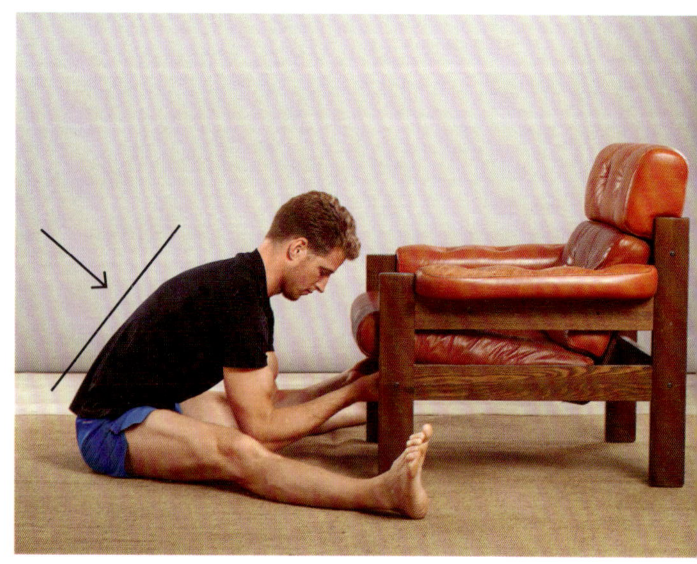

10. 手掌向后触地

做这项练习时，你会发现，双腿分开一些更容易。要做到正确的姿势，应该尽可能地弯曲膝盖，目的是在伸直双腿的时候手掌能够不离开起始的位置。

1分钟的运动

站在垫子前，双脚尽可能分开。弯曲膝盖，手掌方向朝后放在垫子上。在弯腿和直腿之间缓慢切换，同时保持手掌压在垫子上。你可以在这个动作中来回切换，就像你在练习4和练习5中所做的那样（参见87页和88页），但是你的主要目标是在你到达最高位置时固定你的腿。随着时间的推移，完成这个姿势会变得越来越容易，你就可以尝试把双脚靠近一点。最终，你将能够在双脚并拢的状态下仍然保持手掌在地面上。

1分钟的保持

参照动作开始的姿势，为你的双脚间距找一个长度，使你可以舒适地保持手掌压在垫子上，同时保持腿部固定。保持这个姿势1分钟。随着你的进步，双脚可以更加靠近。

进阶练习：当你的双脚靠得很近，以至于你不能舒适地将手臂伸入双腿之间时，就把手放在双脚两侧。

生活小窍门

床上岩石

我极力推荐你在床上练习这个生活小窍门，有三个非常关键的理由：

- 床是必需品，很方便。
- 在床上做伸展动作很舒服。
- 无论什么时候，去哪里，都会有床。

我们大多数人每天晚上会有5～9个小时待在床上，所以我确信你可以每晚花1～2个小时来提高你的柔韧性。

床上伸展

面朝下趴在床上，双脚尽量张开。身体往后推直到跨坐在床上，你会感觉到大腿的伸展。随着熟练度的提升，你将能够一直向后推并且面朝前方，同时保持双腿伸直。

值得深思的事

有一种理论认为，当我们处于无意识状态时，我们能够劈叉。现在我不能确定这个理论是否有道理，但我从中得出一个结论：唯一阻止你进一步伸展的就是你的神经系统。你的神经系统非常聪明，它有足够的能力保护你不伤害到自己，尤其是在你曾经受过伤的情况下。

我认为，知晓神经系统的保护作用，将帮助你放松以达到伸展状态。这就是在瑜伽课上总是强调“呼吸”的原因，因为它确实有效！

不过，呼吸并不是唯一有效的办法。分散你的注意力——看电视、聊天、想想明天要做什么，甚至数着树上的叶子也有帮助。我知道这听起来不像瑜伽，我并没有教你练瑜伽，但是分散注意力却有可能创造奇迹。

仔细想想，你的大脑一次只能接受一定数量的信息。你有没有注意到这一页书用了什么字体？或者这本书用了什么样的纸张？还有那只在外面唱歌的是什么鸟？或者你在过去的60秒里眨了多少次眼？我敢打赌，即使你一整天都在眨眼，你也不会想到“眨眼”这个词。我打赌你现在开始会在意眨眼的次数了。真奇怪，不是吗？现在你就很难不在意眨眼了。

对我来说，当瑜伽师告诉我们要集中注意力在呼吸上时，他们实际上是鼓励我们分散注意力和运用区分轻重缓急的能力，转移对伸展感觉的关注。我知道这听起来有点疯狂，但如果有人在伸展时打你的脸，伸展产生的疼痛就会瞬间消失。你的身体会把注意力放在最重要的事情上，所以，学会转移注意力，远离不适感。好好思考如何让自己完成练习，然后给自己一块可爱的巧克力蛋糕作为奖励。

臀部动作

6

年幼的孩子们能把他们的大脚趾放进嘴里，这种基础动作似乎是我们的天赋。你最后一次尝试这个动作，或者走进健身房看别人尝试这个动作是什么时候？你记不起时间了，对吧？然而，这实际上是一个对髋关节柔韧性的很好测试，或者更确切地说，它是在测试髋关节是否缺乏柔韧性。髋关节的柔韧性对于健康的身体是必不可少的。臀部肌肉的紧绷和虚弱会引起各种腰部问题和能动性的问题，进而会从急性疼痛演变为长期损伤。

短跑运动员、体操运动员和舞者都有什么共同点？我来告诉你。他们都有强健又灵活的臀部。所以，让我们进入状态，开始进行一些有针对性的锻炼，让你的臀部无时无刻地灵活运动。

优点

- 当你变老的时候，还具备从地上爬起来的能力
- 最大限度地利用所有的关节
- 扭转多年久坐不动造成的损害
- 提高身体的能动性
- 增强髋关节柔韧性和活动性
- 增强脊椎弹性和活动性
- 改善身体的不适感

值得深思的事

当你开始臀部动作练习之前，我想提醒你一个关键点，我相信大多数健身教材中都没有提到。

你很可能会在某个时候突然想："我的伸展动作是正确的吗？"对此有一个非常简单的答案:如果你感觉到你在伸展，你就是在伸展。你或许会问："罗杰，我需要在哪里找到感觉呢？"我的回答仍然是："你感觉到了什么？"换言之，这个问题没有固定答案，对每个人而言都是不一样的。我可以告诉你的是，在做这本书里的某些练习的时候，你不会有任何伸展的感觉，或者你会以稍微不同的方式呈现出同样的伸展。

试问，你所有的朋友都喜欢同样的运动、电影或食物吗？我们都有不同的品味，我们对事物都有不同的感受。你的问题应该是："我应该在哪里收紧？"或"什么样的伸展动作最适合我？"因为你是独一无二的。

1. 盘腿坐

如果走进瑜伽课的教室，你首先会注意到那些盘腿坐在地上的人。

这是我们生活中很常见的姿势之一。我遇到过一些有全职工作的人，他们从不做瑜伽，也不伸展身体，但都喜欢盘腿坐着，因为这样坐着非常舒服。然而，如果你已经停止这种坐姿一段时间，再回到它可能非常困难。几年前，在我的第一堂瑜伽课上，我的膝盖抬得太高了，几乎碰到了我的耳朵，而且真的很疼（因为我姿势不对），这是身体的反应。

解决疼痛的一个好方法是扩大脚和臀部之间的距离，或者坐在1块砖头或1本书上把臀部抬离地面。无论你选择哪种方式，坐着的时候还感到膝盖疼痛是不应该发生的。坐下应该让你感到舒展，而不是疼痛。

1分钟的运动

从1个没有疼痛的盘腿姿势开始，把指尖放在你面前的地板上。如果你想感觉更舒适，就把手指或手掌放在瑜伽块上。从这个姿势开始，在弯曲（弯）脊椎和伸展（直）脊椎之间切换动作30秒，然后交替交叉双腿。你的臀部应该与地面保持接触，否则这个动作就不具有挑战性了，你的手臂应该保持伸直。如果你觉得膝盖疼，那么臀部需往后挪动，远离双脚，让前腿与地面形成正方形。

提示：可以向前移动你的手，使这项练习更有挑战性。

1分钟的保持

伸直脊椎，每条腿30秒。注意：

- 臀部接触地面
- 背部平直
- 双手保持放在地面
- 前腿平放在地板上

2. 侧躯伸展

在练习2中，你要在盘腿的状态下伸展身体的一侧。我是把我的肘部放在地板上，如果你要让身体两侧都得到最佳伸展，可以考虑把肘部放在膝盖上并始终保持臀部接触地面。

1分钟的运动

盘腿坐。把肘部放在你喜欢的位置，另一只手放在同侧的膝盖上，肘部放松。缓慢伸直肘部和手臂。从一侧移到另一侧，然后换腿，每边做30秒。如果你觉得一侧比另一侧更紧，就要花更多的时间练习那一侧。

1分钟的保持

盘腿坐，即本动作起始的姿势。按住你的膝盖并且使手臂伸直，然后保持姿势。如果开始时的拉伸让你感受剧烈，那么每侧做20秒，有了进步以后就每侧做30秒。

3. 螺旋式折叠伸展

在练习3中，你要把肘部放在膝盖下面，双脚底部并拢。刚开始你可能无法让肘部触到地面，那么你就尽量拉伸，直到你有感觉为止。另一种情况是，你可能根本感受不到任何拉伸，在这种情况下，重新调整自己的姿势直到你感受到它。

提示：不要问这个问题——“我应该在哪里感受到拉伸？”没有标准答案。问问自己：“我在哪里感受到拉伸？”然后进行相应的调整。

1分钟的运动

坐在垫子上，两腿放在身体前方。双脚底部并拢，弯曲你的膝盖，让它们落到身体两侧。向前弯曲身体，把胳膊放在膝盖下方，握住双脚。向前折叠身体，把前额伸向脚。在坐直和向前折叠两个动作之间缓慢地切换，持续1分钟。

1分钟的保持

从运动起始位置开始，双臂穿过腿抓住双脚。身体尽量向前折叠，直到你找到适合你的伸展程度。保持这个动作整整1分钟。

4. 侧身扭曲，肩部触地

在练习4和练习5中，你将会尝试两个不同版本的扭曲伸展。

练习4要做的扭曲伸展不会移动你的上半身，并且可以使臀部向外侧伸展。当你做完了扭曲动作后，你可能会觉得你的上半身（也许是上背部）得到了伸展。

1分钟的运动

仰卧在垫子上，膝盖弯曲，脚放在地板上，双臂放在两侧。把右脚放在左膝上，然后让双膝向左落下，这样左腿就落在地板上了。再用左手握住你的右脚，把右臂伸直，然后沿着地板向上伸展。转身面对你的右手。滚动扭转，保持手臂伸直且在地板上。慢慢地伸展手臂，最大程度地伸展。目标动作是让你的手臂尽可能地向上扫，即使你弯曲的膝盖从地板上稍微抬起也没关系。在1分钟内换位，把大部分时间放在感觉更紧的一侧。

1分钟的保持

采用运动的起始姿势，手臂伸展到最远的位置。你需要保持臀部离地伸展，以达到最佳效果。两侧轮流练习，把大部分时间放在感觉更紧的一侧。

提示：你的首要任务是把伸出手臂的那一侧肩膀一直放在地板上。

换个方向

5. 侧身扭曲

练习5与练习4不同的地方是，你需要把弯曲一侧腿的膝盖放在地板上。

1分钟的运动

躺在垫子上，右腿伸直。把你的左膝盖放在胸前并抓住它，把你的脸转向右边。用你的右手帮助左膝盖越过你的身体，到达右侧，并且牢牢地将你的膝盖保持在地板上。伸出你的左臂，伸到身体一侧，找到肩膀下面与地面接触的地方。接着转身面对你伸出的手。慢慢地把你的手臂上下扫30秒。一直保持你的肩膀与地板接触。另一侧重复。

1分钟的保持

保持姿势时，要确保肩膀与地面完全接触。伸直手臂，向两侧伸展，找到肩膀下方与地面接触的地方。保持姿势。膝盖向上，朝向身体，直到达到最有效的伸展。

提示：你的手臂越低，肩膀就越有可能与地面保持接触。

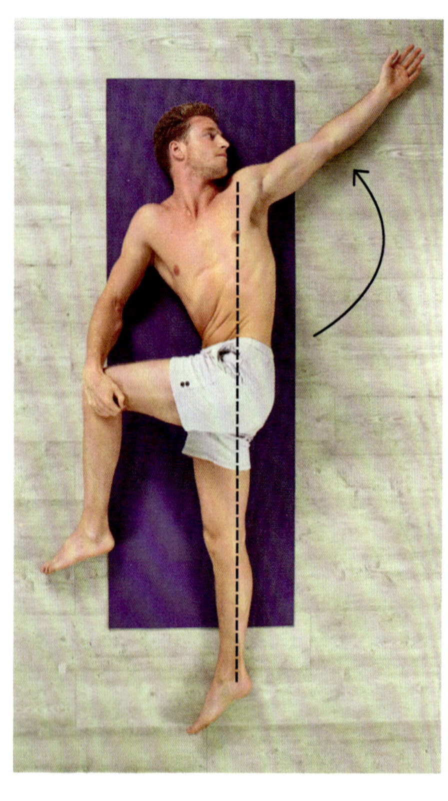

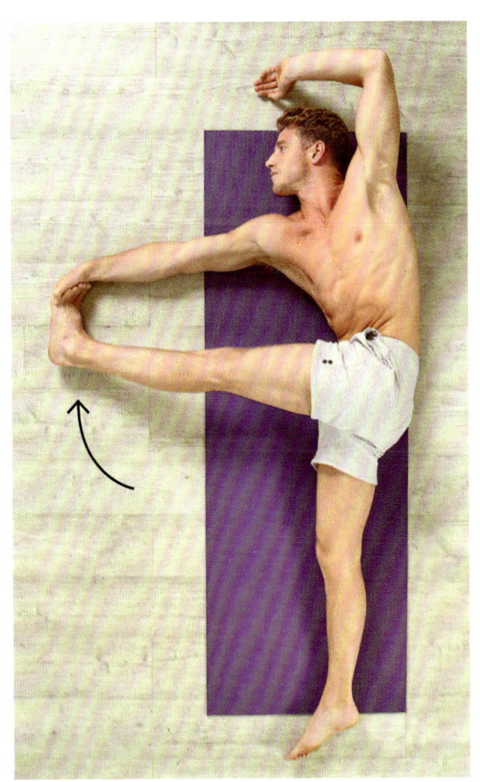

6. 侧身扭曲直腿

我在练习侧身扭曲时偶然想到了这个伸展动作。当我把腿伸直时，我突然觉得在腿外侧的伸展是最糟糕的。

1分钟的运动

进入常规的侧身扭曲姿势（参见102页），然后让你的左腿越过你的身体，放到你的右侧。把你的膝盖压向地面，然后伸展你的左手臂，将左手置于头上部的地面上，转过脸看着伸出的手。然后，用你的右手抓住左脚趾，同时保持腿弯曲。慢慢地伸直左腿30秒，保持脚的位置。换边并重复动作。

提示：你可能会发现你很难把腿伸直，如果是这样的话，就尽量尝试伸直。

1分钟的保持

从侧身扭曲开始，伸直你的腿并保持动作。为了增加伸展度，你可以向前伸直你的自由臂，然后转头看向手的位置，让肩膀与地面接触。保持30秒，然后换边。

7. 把脚伸到头上

练习7的目标是感受臀部、体侧和腿后部的拉伸。对我来说，我的腿伸得越直，拉伸的幅度就越大。如果你感到膝盖疼痛，那么伸直腿将有助于获得更强的拉伸感。如果你感觉拉伸很轻松，那么说明你的姿势不正确，你将没有任何进步，因为拉伸的感觉应该是难受的（但不会痛）。你的身体会产生一种感觉，它想说："我不想这样。"这个练习并不容易。

1分钟的运动

仰卧在垫子上，膝盖朝上，脚平放在地面上。交叉手指，伸直手臂，然后抬起一只脚，直到你能够钩住手指，保持手臂伸直。这一次，用你的手把脚拉向头部，迫使腿靠近臀部的部位扭转。弯曲双臂，直到脚底朝上，抬起的那条腿膝盖落地。花30秒做这个运动，然后另一侧重复。

1分钟的保持

从背部姿势开始，保持拉伸30秒，然后在另一侧重复。

提示：如果你愿意，每次拉伸时可以花更多时间去练习你感觉动作受限的那一侧。

值得深思的事

当我的身体缺乏柔韧性的时候，拉伸的感觉会很糟糕。我原以为灵活的人很幸运，因为他们不会感觉到我所经历的一切。但我现在知道，无论一个人的柔韧性如何，拉伸的感觉都是很糟糕的，甚至对我来说也是这样。所以你必须适应这种感觉，并且知道如何改善它们。

8. 猎鹰式

你听说过一种叫“鸽子式”的瑜伽姿势吗？如果你认为“鸽子式”是一种有效的伸展动作，欢迎练习“猎鹰式”。当你在做这项练习时，你的臀部会试图扭动。记住，你的身体会寻找阻力最小的路径，所以你需要保持专注。如果有些伸展运动让你感觉很轻松，很可能是你的身体在欺骗你。记住，你是在寻找阻力。关于这个话题的更多信息，请参阅109页的“值得深思的事”。

1分钟的运动

跪在垫子上，右腿向前迈，脚放在前面的地板上，使大腿与地面平行。双手放在地面上，右腿离开地面，弯曲腿部使右脚处于身体下方，脚趾伸到左手所在位置。朝右膝的方向向前倾斜，拉伸左腿的大腿肌肉和右腿的臀部肌肉。把臀部左侧尽量向前推，注意不要扭动盆骨或上半身。持续放松并伸展30秒，然后换边。

1分钟的保持

从伸展动作开始，你的前脚跟应该一直正对着后膝，胫骨贴紧垫子，腿弯曲一侧的臀部会试图向另一侧倾倒。以最佳姿势保持拉伸30秒钟（更长或更短，根据你自己的情况），同时保持你的臀部平放在地板上，然后换边。

重要提示：如果你感到膝盖疼痛，就必须停止锻炼。

脚不要太靠近臀部

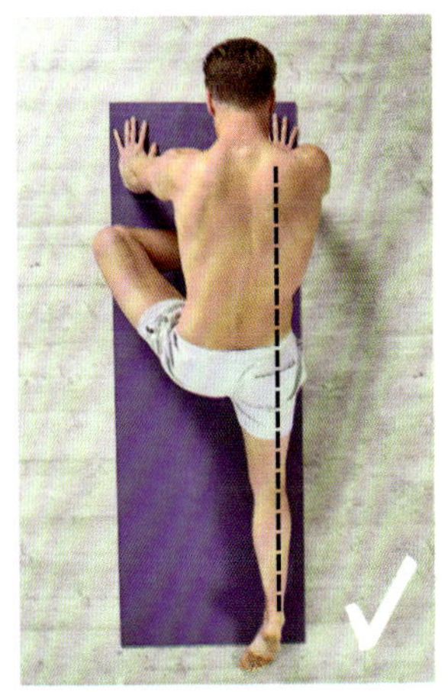

胫部应该与肩膀齐平

9. 开臀动作

可怕的开臀动作！你坐过椅子吗？跑过步吗？那么这是给你的练习。首先，我必须为你即将感受到的剧烈拉伸道歉！这个动作肯定不适合弱者。它的锻炼目的就是在保持不扭动臀部的情况下，尽可能地向前移。

1分钟的运动

跪在垫子上，背靠墙。把你的左膝盖和胫骨靠在墙上，脚趾方向朝上。右脚平放在地面上，弯曲腿部形成直角支撑，双手叠放在膝盖上。在臀部靠墙和前膝向前推之间进行30秒的缓慢切换，然后交换腿，重复该动作。

1分钟的保持

采用按压向前的姿势，保持30秒。交换腿，在另一侧重复该动作。

提示：在伸展时臀部尽量向前移动，注意不要扭动臀部，你的臀部应该保持正直并且朝前移动。过程中你会知道什么程度是朝前移动得足够远了，因为你可以感受到臀部的挤压。

进阶动作：臀部靠墙，尽量坐高，然后进行开臀动作。尽量向前移动，你的最终目标是你的胯部能够接触到地面。

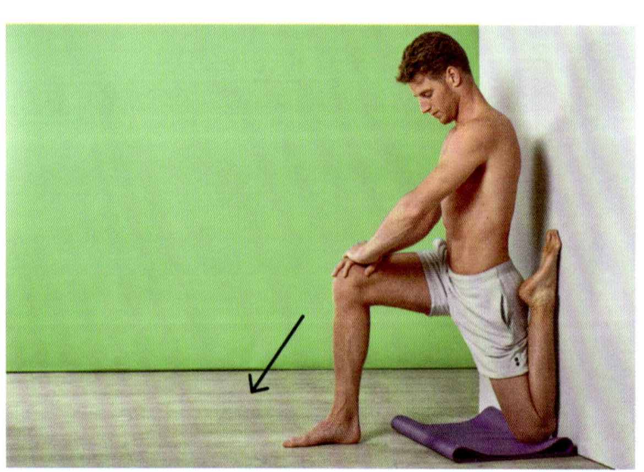

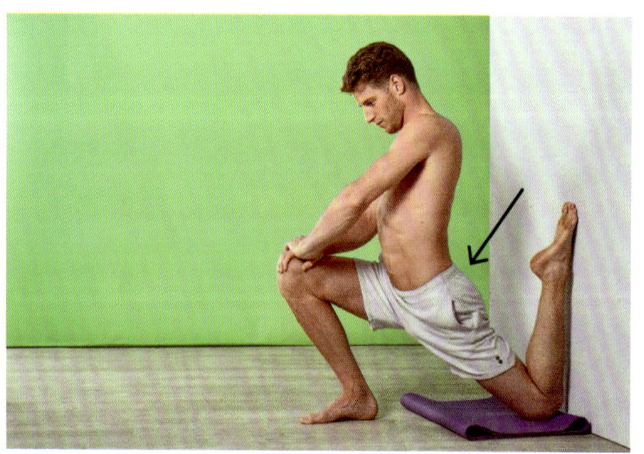

10. 劈叉

在练习9中，我给出了一个开臀动作的进阶版本（参见106页）。在练习10中，后腿的位置和练习9的进阶动作是一样的，但是会改变前腿位置以做出开臀或者劈叉的动作。平衡性在这里很重要，所以你需要用两个相同大小的瑜伽块或书作为支撑物。最终，你将能够做出劈叉的动作！

1分钟的运动

跪在垫子上，背靠墙。把你的左膝盖和胫骨靠在墙上，脚趾方向朝上。右脚平放在地面上，弯曲腿部形成直角支撑，双手叠放在膝盖上；然后，慢慢地让你的脚向前方滑动以伸直你的腿。如果需要的话，请用瑜伽块辅助你，或者在你伸直腿的时候把手放在地面上。收腿的时候，弯曲你的腿。伸直、弯曲动作切换，然后交换腿，重复该动作。

提示：你必须把后腿膝盖靠在墙上。如果膝盖和墙之间有缝隙，你做的伸展就没有效果。

1分钟的保持

从运动的起始姿势开始，把后腿膝盖靠在墙上，伸直你的前腿，保持动作。交换并重复。

值得深思的事

在健身课和瑜伽课上，当我被要求换个姿势以保持身体平衡时，我总是觉得很奇怪。我们的身体不是完全对称的，所以为什么要花同样的时间伸展身体不常用的那一侧？解决这个问题的好方法就是开始意识到自己在哪里感到紧张，然后更加努力地练习。这样，你的身体将会纠正所有的不平衡，身体的不协调之处将会变得协调。

生活小窍门

通勤伸展运动

坐在椅子上，把一只脚放在另一条腿的膝盖上（确保是脚而不是脚踝），如果可以的话抬高大腿。用你的手反复按压抬起的膝盖。

提示：大腿向上的幅度越高，朝向腰部，脚的位置越高，伸展的挑战性就越大。

通勤伸展运动可能是我每天做得最多的伸展运动。有时候，我可以每天花1个小时做这个运动。开会、坐火车、吃午餐或晚餐……有这么多时间和地点都可以做这种伸展。有趣的是，没有人知道你在做伸展。事实上，当你这样做的时候，你看起来有点懒散。如果我前一天开车或者锻炼，早上醒来时会感觉身体很紧或很痛。上火车1个小时以后，每到一站我都会换一条腿，我感到筋疲力尽。

记得换腿。然而，如果你发现自己的一侧身体感觉更紧了，或许你需要多花一点时间来锻炼那一侧。毕竟，大多数人都有惯用的手脚，所以可以预料到我们身体的一侧会比另一侧更紧。

值得深思的事

我们以前讨论过这个问题，但我会反复强调它，直到它进入你的大脑，最终留在你的记忆里。你的身体一直在寻找一种舒适感，这就是为什么当你回到家时，你会懒洋洋地坐在电视机前。当你踏上火车时，你会自觉地寻找座位。舒适是轻而易举的，但轻而易举并不能使你有进步。

前几天我听到一对已婚夫妇的对话，其中一人对另一人说："我不敢想象我变老的时候会怎样，你能到医院来看我吗？"好像变老之后躺在病床上是理所当然的！这不正常。这是可以预防的。是的，我们都经历着自然衰老的过程，但是有些人决定采取行动来减缓身体衰老。不必再等了，现在就采取措施吧。

当你的脑海里冒出这样的念头："我要度过一个轻松愉快的夜晚。"你应该回答说："你知道吗？今晚我会有所作为。我要花30分钟来锻炼身体。"我向你保证，一旦你完成了你的锻炼，这种满足感将是惊人的。你会很自豪，因为你抵制了懒惰的思想，在自己身上投入了一些时间，你会觉得自己比晚上待在电视机前更有活力。

我所说的不舒服是指伸展身体的感觉。在课堂上，我们总是依赖老师来向我们展示我们需要做什么。这次我让你自己去感受你的身体，不要依赖别人来告诉你该怎么做。毕竟，没有人能感受到你的感觉。

作为教练，我无法猜出你的感觉，我只能就如何安全运动提出建议，希望这会引导你进行正确的练习。只有你自己才会知道你的感觉是什么。除了感觉良好或者感到酸痛之外（参见第27页），这些伸展没有对错之分。你的身体就是你的身体,是完全独特的，你感到紧的地方，别人可能不会感到紧——反之亦然。

这本书只提供几个探索你感觉的例子，还有不计其数的练习等着你去尝试。你的身体就是你的宇宙，不管怎样，只要把动作做好就行了。

7

头手倒立

体操倒立是指有3个接触点——“头部和两只手”的倒立前支撑。在这3个接触点中，主要接触点是你的手。如果你已经开始朝着青蛙站姿努力了，你就会知道我不喜欢跳跃姿势。倒立不是平衡练习，它是力量和技能的锻炼。当你开始利用你的核心区和双手的力量时，你会开始理解这一点。

如果你按照本章中的10个练习顺序循序渐进地练习，直到每个都掌握，你将学会如何在倒立时支撑你的体重。如果你因为跳过了任何步骤而直接练习该动作，很可能会伤到脖子、背部和手腕。务必有条不紊、严谨，因为你正在练习倒立。

优点

- 倒立能让你感到愉悦
- 让你的同龄人羡慕
- 练出绝佳的身体线条
- 不再害怕摔倒
- 全方位锻炼腰部
- 锻炼肩部和手臂力量
- 提升自信
- 有信心再次倒立
- 大多数人都喜爱的、有趣的、全方位的运动
- 开发身体的潜力

1. 移动腰部

当你头手倒立时，你的手在做大部分的支撑。你将需要尽可能多地使用手腕力量来完成这个动作。借助墙练习这个动作是个好主意，这样你就可以通过墙引导你的动作。

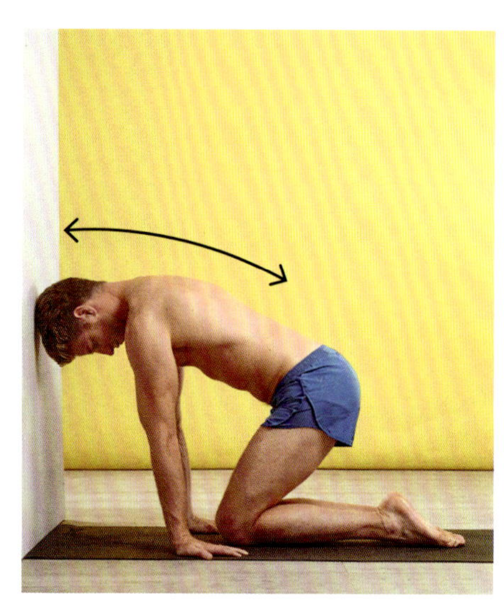

1分钟的运动

跪在垫子上，身体前倾，双手放在膝盖前面，指尖指向自己。坐下来，把臀部靠在脚后跟上。把手掌压在地上，紧贴地面。当你向后移动时，你应该能感到手腕有伸展的感觉，如果没有，那就增加膝盖和手之间的距离。向前、向后、重复切换1分钟。

1分钟的保持

从跪姿开始，指尖指向身体前方。把手掌压在地上，向前倾斜并保持动作。你的手臂应该保持挺直。如果你的手腕没有伸展的感觉，那就增加手和膝盖之间的距离。

提示：如果你发现一开始很难把指尖转向你，就先试着用指尖面对墙壁。

2. 基础动作

在练习2中，你的姿势是紧靠墙壁低着头，用双手承受你的体重。你需要将双腿伸直，同时保持手臂、头部和肘部平衡。

提示：你的头部是靠在墙上的，在这个阶段不要让头部远离墙壁，因为这会导致你的脖子滑动。

1分钟的运动

在靠墙的垫子上保持跪姿，把头顶在地面上，靠墙，手腕放在膝盖旁边，手指指向墙壁，手臂在肘部形成直角，它可以帮助你踮着脚向前走。然后伸直你的腿，这样你的上背部可以靠在墙上。但是，如果这让你觉得头部不适，那就把你的脚往后挪一点。手掌用力压地，然后抬起膝盖，在膝盖触地和伸直腿两个动作之间缓慢切换。你的前臂应该保持与地面垂直。注意不要让肘部放到一边，也不要让手离你的头太近或太远。

1分钟的保持

靠着墙壁把头顶在地面上，然后伸直你的腿。在腿伸直的情况下保持你的姿势。如果动作过度，就稍微弯曲你的膝盖。牢记：

- 头紧挨着墙
- 前臂垂直于地板
- 肘部贴近身体
- 双手紧紧地压在地板上
- 收腹
- 上背部靠墙

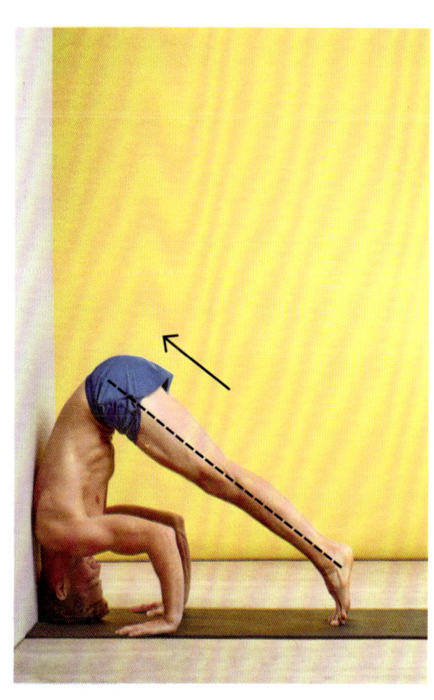

3. 靠墙正方肘垫姿

在练习3中，你将从你在练习2里掌握的直腿姿势开始，把你的膝盖放在你的肘部上。这个动作起始姿势和关键点均和练习2相同：头顶地靠着墙壁，手掌紧压地面。

有些人会感到手腕处疼痛，这是因为他们的手腕和胳膊不够强壮来支撑这个姿势。把手放得更靠近墙壁应该会消除疼痛。

提示：和所有的运动一样，我们的目标不是要克服疼痛，而是要通过感觉来了解你的身体。

1分钟的运动

从练习2的起始位置开始，抬起双膝，将腿伸直。弯曲其中一个膝盖，向前移动，并把它放在肘部上。弯曲另一个膝盖，重复这个动作。上下移动1分钟。

提示：手掌压紧地面，以免头部和手臂受到压力。如果你的姿势是对的，做完这个练习后你会觉得手臂有疲劳感。

1分钟的保持

把动作做到最高位置，保持正方形的肘部姿势1分钟。

提示：你可以进行一些有助于减轻你头部压力和手腕疼痛的调整。

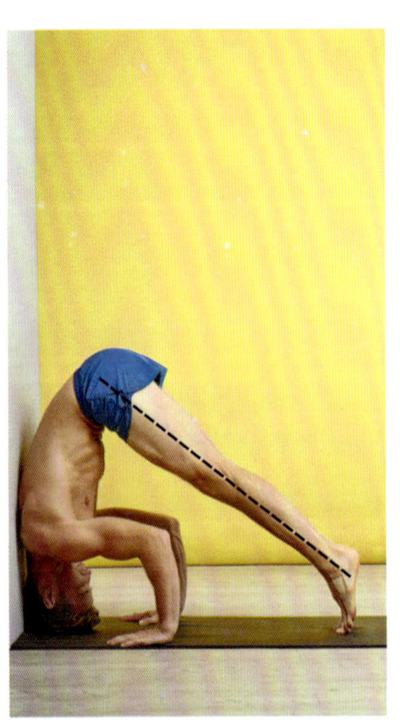

4. 离开墙壁

如果你已经进行到这项练习，我相信你已经通过靠墙练习掌握了头手倒立的基础。现在是时候离开墙壁了！最终，你将能够保持你的姿势1分钟。

1分钟的运动

通过练习3的动作（参见114页）摆出姿势，但不要靠在墙上。头在地面上，用手掌压地，用手臂支撑你的体重。重复上下移动——每做一次就延长一些双膝在肘关节上的时间。

1分钟的保持

把你的双膝放到手肘上，如果可以的话，保持这个姿势整整1分钟（这需要时间，如果你一开始只能坚持几秒钟，也不必担心）。

提示：这种保持的力量来自手臂，尽量不要把你的头压在地上。

5. 臀部触墙

在练习5中，你要用你的臀部接触墙壁。你可以通过伸展腹部来做出这个动作，不过，说起来容易做起来难。

首先，腹部会把膝盖拉向腋下。这里，你必须通过吸收腹部（内部）（有关此的解释，请参阅“空体保持”中的第57页）来收腹。收腹时，你的手掌需压向地板，手肘互相靠近。你应该感觉到你的膝盖在向腋下滑动。另一个诀窍是可以把你的脚后跟收到臀部。

1分钟的运动

从练习3的姿势开始（参见114页）。注意以下几点：

- 收腹
- 双手压在地上
- 肘部收在身体两侧
- 膝盖向腋下拉
- 把脚后跟收到臀部

当你把这些要点连接在一起时，你自然会靠着墙站起来，通过过渡位置移动直到你的臀部靠着墙。臀部靠墙，从墙上移开，尽可能地慢慢切换。

提示：你可以看到在第2个姿势中，背部是略微拱起的。这很好，现在我们继续。记住，目标是把臀部贴在墙上。

1分钟的保持

当你的臀部碰到墙壁时，就保持这个姿势。

6. 脚部触墙

在练习6中，依然不要靠墙，所以在练习这个动作之前你需要完全掌握练习5。这可能需要几个月，但你是可以做到的。

1分钟的运动

以练习4的姿势（参见115页）为起始姿势，确保你的腿能触到墙。使用练习5（参见116页）的技巧，收腹，把手掌压在地板上，挤压你的手肘，抬起膝盖。当你的姿势稳定了，就抬起一只脚，小心地踩在墙上。通常情况下，你的下背部会轻微地拱起。在弯腰与直腰之间切换移动。要做到这一点，你需要把墙上的膝盖向腹部方向收。

1分钟的保持

把动作做到最高位置并保持。你可以试着每条腿保持30秒，然后每条腿保持1分钟。最重要的是，当你处于正确姿势时你的感觉。

7. 脊椎支撑

在练习7中，你将再次靠紧墙壁。你看看下面的图，就知道这个步骤比前两个要简单一些。然而，我向你保证，如果你真的要把这个动作做好，它还是很有难度的。

做这个动作的时候需要时刻保持注意力集中，你的目的是体会每一节脊椎接触到墙壁的感觉。

1分钟的运动

从练习3的姿势开始（参见114页），慢慢地滚动你的脊柱，1次移动1个椎骨去触墙。在这1分钟里，你要注意一下脊椎的哪个部位有点紧，这是你往回重新调整动作的机会。

1分钟的保持

完成动作，直到脊椎完全平贴在墙上。保持并且不要拱起你的背。

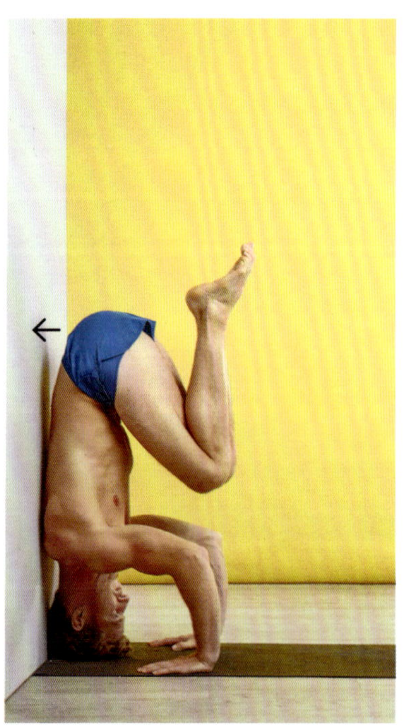

8. 折叠头手倒立

在练习7中，你已经知道了脊椎触墙的感觉。现在是时候尝试不靠墙做这个动作了。如果你觉得有困难，那就回到靠墙的姿势，直到你更熟悉动作为止。

我知道你现在就想让你的脚立起来，但我保证不值得。坚持循序渐进！最终你将会做出完整的、坚固的倒立姿势。如果你想保持这个姿势，背不要拱起，腹部不可放松。收紧腹部，用手压地面，挤压你的肘部，这需要有意识的努力。

1分钟的运动

以练习4的姿势开始（参见115页），远离墙壁。借助你的腹部力量用肘部托起膝盖，膝盖靠近腋窝，收腹，挤压肘部，逐步抬起双膝。当两个膝盖都被抬起，且背部是直的时候，你就达到了最高位置，注意背不能弯。

记住，你的目标不是用头部保持平衡，而是用肌肉保持姿势。

提示：在进行练习8之前，你需要确保你能够在不弯背的情况下做出这个动作。

1分钟的保持

通过上述步骤，进入头手倒立的姿势。保持你的脊椎在最高位置是直的。如果达到你不能再收腹或者你感到腰部疼痛的高度，说明你的动作已经超过标准。

9. 弯曲膝盖，伸直腿部

在练习9中，你需要做出直腿的动作，所以在练习之前，确保你已经掌握好弯曲膝盖的动作。这是一种有针对性的、有意识的力量练习，而不是平衡练习。

1分钟的运动

从练习4（参见第115页）的姿势开始，切换到臀部倒立。当你做出了折叠头手倒立的时候，就伸直一条腿。当这条腿固定了，绷紧脚背并且挤压你直腿的侧臀部。弯曲的那条腿会帮助你的脊椎保持一条平直的线，此时它的对侧是你收紧的腹部。回到你的起始姿势，换另一条腿。慢慢地重复伸直和弯曲的动作1分钟。

提示：当你把腿伸直时，腰部会略微拱起。收腹将有助于纠正这一点。

1分钟的保持

当达到动作的最高位置时，把一条腿伸直并固定住，另一条腿弯曲，保持在最高位置30秒。换另一条腿重复。你需要不断地调整位置以形成正确的脊椎线。我强烈建议你把自己的动作拍摄下来，或找个训练伙伴，让他告诉你脊椎的位置和从头到脚曲线的位置。

提示：当我做一些练习，但不确定自己的姿势是否正确的时候，我会对着自拍的摄影机大声喊，例如收紧腹部、骨盆向前、折叠膝盖、拉肋骨。然后，通过视频回放，我可以看到哪些动作和方向对于帮助我获得强有力的脊椎线是最有效的。

10. 纠正错误动作

在练习10中，我要告诉你在头手倒立时会遇到的两个最大的错误，我希望你用这些姿势来纠正你自己。

错误1：背后曲

你的脊椎线很结实，但是臀部没有足够的前倾动作，这就会让你的臀部保持紧绷。这通常是因为坐得太多，髋屈肌缺乏运动。解决办法就是少坐，进行髋关节动作练习。

错误2：背拱起

你的臀部是向前的，你的腿是固定的，但是你的腿伸得太远，因为你的腰没有伸直。常见的原因是腹部力量的缺乏或者在练习平板支撑（非前平板支撑）时的坏习惯。纠正办法就是学习54～67页的空体保持。

事实上，这些错误是这几种原因导致的——运动能力减弱或身体虚弱，或者仅仅是缺乏对身体最佳运动方法的理解。

1分钟的运动

用练习9的方法倒立，但是这次要伸直双腿。看看你会进入什么样的姿势，背后弯曲还是拱起？一旦你知道你需要做什么来纠正，你就可以使用空体保持的步骤（参见64～65页）来完成正确的姿势，回到头手倒立，再尝试做出你要做的动作。

1分钟的保持

按照练习9中的步骤，头手倒立并保持身体在正确的直线上。你需要一个相机或朋友来帮助你找到正确的姿势。起初，当你在保持直线的时候，你会经常纠正你的位置。把注意力更多地集中在你的感觉上，这将给你提供一些练习的灵感。

背后曲

背拱起

10+ “起飞”

如果你已经开始练习本页的动作，我想你已经掌握了一些弯曲手臂的动作（青蛙站姿和头手倒立），所以我想告诉你一些关于如何掌握体前动作的小技巧。我极力建议在尝试“起飞”前至少掌握青蛙站姿！在整个过程中，我会用一个手提箱来保持身体和地面有固定的距离，但是我会建议你在家里找一些不同的东西，以适应不同的情况。有了支撑物、有了书籍，便到了我们学习如何做滚动动作的时候了。

步骤1 从下蹲，脚尖踮起的姿势开始，手臂伸直（参见练习8，第77页）。

步骤2 身体前倾，弯曲手肘，相互靠近，这样它们直接可以给你的臀部形成支撑。

步骤3 轻轻地向前倾斜你的身体，直到你的头完全落在地板上，额头触地。肘部靠近身体，与地面成直角。你的脚趾仍然在地板上，膝盖则刚刚离开地面。

步骤4 以你的头顶为支点，开始滚动身体，同时稍微向前倾斜你的前臂。就像在头手倒立（参见110页）中那样，记住你需要一直用手，而不是用头，按压着你所在的平面。随着身体前倾，脚离开地面。

步骤5 从这里开始，把头从地面上抬起，把前臂向后挪，这样你的手肘又与地面形成了直角，但膝盖和脚要远离地面。现在应该只有两个接触点——手压在平面上，手肘支撑着你的臀部。这基本上就是我们所说

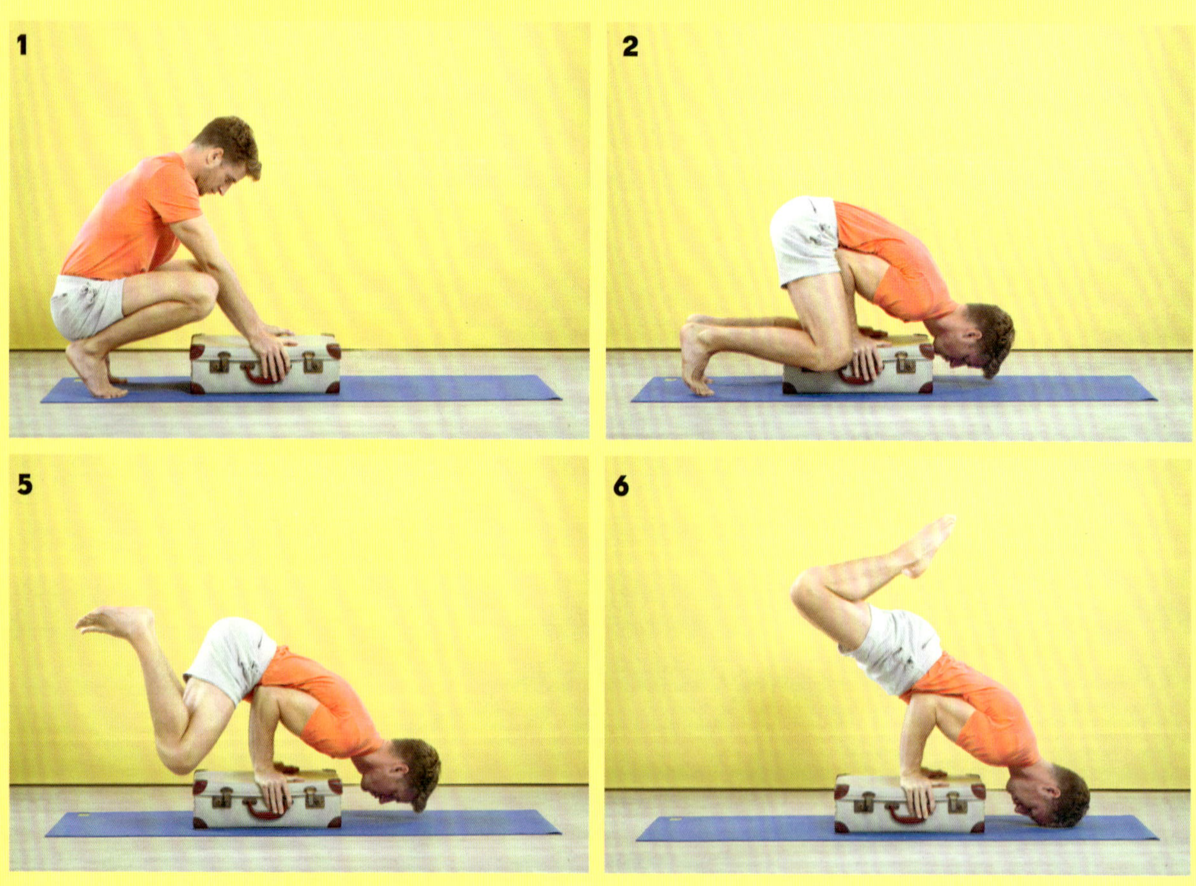

的“臀部倒立”。

步骤6 低下头，使头回到地面上，身体前倾，依靠肘部力量，稍微向后仰。一旦你有了第三个接触点（头部），你就可以伸出脚趾，抬高膝盖且尽可能地抬高。它的感觉就好像你在试图用你的脚趾触摸你的后脑勺一样。你的臀部应该是打开的。

步骤7 用力保持头部、手部和肘部的姿势，慢慢地伸直双腿，尽量伸展并收紧臀部。

步骤8 收紧臀部，把体重转移到手上。当你这样做时，腿部会稍微降低，头部会离开地面。

注意以下几点：

- 手向下压
- 向前倾斜
- 保持肘部与地面呈直角
- 保持臀部收紧
- 收腹
- 固定腿部
- 保持脚趾伸直

生活小窍门

腕关节运动

你的手腕有多强壮?

你想让它们多强壮，它们就有多强壮。

你的手腕和身体其他部分一样，拥有关节和肌肉。你需要坚持锻炼它们，尤其是你想做任何给你的手腕带来压力的运动，包括青蛙站姿、前平板支撑、头手倒立、L形坐姿和台阶桥时。

在这些运动中，身体唯一与地面接触并承受压力的部位就是手腕。忽略它们，你将会感到头部和脖子酸痛。我强烈建议你保护好你的手腕，并确保你每时每刻都在伸展手腕。作为回报，它们也会保护你。

弯曲手腕

熟悉手腕的柔韧性。你在同一个姿势上花了多少时间？我们建议所有的地面健身运动都使用一个特定的手部位置，但是可以用很多方式弯曲你的手。如果你对这个系列的练习1（参见112页）结果并不完全满意，那么在尝试其他动作之前，请花一些时间研究它。

值得深思的事

- 收腹
- 固定你的腿部
- 挤肘
- 收紧你的臀部
- 踮起你的脚趾
- 按压到地板上
- 按住你的肋骨

这一切都是在倒立的时候做的。这是需要你有意识关注的地方，这样可以随时知晓你身体各部位的动作状况。“我的后背拱起来了……”，你就应该收腹。“我的头很疼……”，你的胳膊就应该更用力，并且要挤肘。“我的手腕疼……”，那么你的手就应该稍稍向前挪。

你是否一直在拉伸和加固它们？关键问题不在于痛苦和知觉，而是随时察觉你身体各部位的状况。这是最明显也是最有帮助的信息，但是前提是你能注意到它们，并且立即采取行动改变你的姿势。疼痛的产生必定是有原因的，你不仅是唯一能感觉到的人，也是唯一能做出改变的人。

你，并且只有你自己，才能借助一些工具来消除疼痛重复产生。然而，只有当你不再把疼痛看作是一种障碍，而开始把疼痛看作成有价值的工具时，你才会真正改变对疼痛的看法。然后，你可以开始问以下问题：

- 为什么运动时我会感到疼痛?
- 我能做什么改变来让它消失?
- 我对自己的动作的了解程度是多少?

成功的实践者在训练遇到障碍时，不会在情绪上表现出沮丧或放弃。他们不会一遍又一遍地犯同样的错误。他们也不会说:“我做那个动作时感到疼痛，所以我不会也不能做了。”

处理这个问题要动脑筋，不要马上去找别人来纠正你。意识到你的手部问题，可以通过改变来寻找一些解决办法。

重复旧的方法只能得到旧的结果。

请有意识地感受生活，有意识地关注自己。

L形坐姿

L形坐姿（伸直腿部并张开腿部）——使用你的手臂将自己从地面上撑起来。对我来说这是对力量和柔韧性真正的考验，要求你通过肩膀压到地面上并离开地面。别担心，你将从比地面更高的地方开始。当你一步步练习直到能从地面上开始时，你会完全明白我说的通过肩膀压到地面上的意思。

直截了当地说，也就是体操运动员并没有超长的手臂。

我记得我第一次尝试L形坐姿的时候，我真的很困惑人们是如何把自己从地面上撑起来的，但是一旦我意识到从高于地板的平面开始，我也可以做到这一点，我很快就明白了。L形坐姿是一个长期目标，将随着时间和实践而改进。

首先，你将从桌子上开始，然后转移到椅子上，再转移到瑜伽块（或书堆）上。如果你在一个平面上只能保持几秒动作，我建议你先从更高一点的平面开始，直到你能够舒适地保持至少20秒。关键是要逐步降低你练习的平面高度，直到你能在地面上完成动作。

只要你不断提醒自己坚持就是胜利，你就能坚持。那么，让我们开始吧。

优点

- 肩部活动性和力量
- 髋部柔韧性和力量
- 核心区力量
- 在朋友们面前看起来很棒
- 腿部柔韧性和力量
- 背部柔韧性和力量
- 肩胛骨的移动性

1. 压肩

在练习1中，我使用两个酒吧凳当作支撑物。支撑物可以是很随机的，但我想展示这项练习的可操作性。你可以在家里找一些高度相同的支撑物，在上面用你的手臂支撑你的体重。

1分钟的运动

找到两个可以支撑你体重的支撑物，支撑起你自己。向下推动手掌，肘部向前，手臂固定，并将脚抬离地板。你会发现在腿部弯曲的状态更容易做到，但如果你想要达到更高级的水平，你可以在你的身体前方伸展双腿。你的目标是让你的肩膀向上移动以达到你耳朵的高度，然后肩膀下压远离耳朵。

1分钟的保持

现在试着在肩膀下压（远离耳朵）的情况下运动。向下推你的手掌，抬高你的双腿，用手臂支撑你的身体。你的目标是保持这个姿势1分钟。如果你不能保持20秒以上，你就需要到平面更高的支撑物上做这个动作。随着时间的推移，你会取得进步，你将能够在平面更低的支撑物上做，然后在地面上做。

提升（肩膀触碰耳朵）

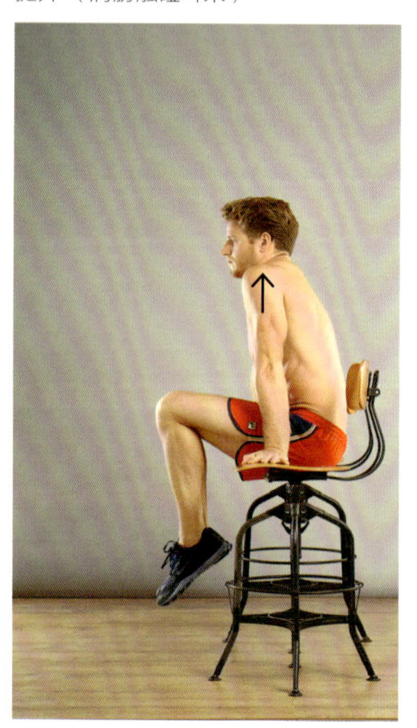

下压（肩膀远离耳朵）

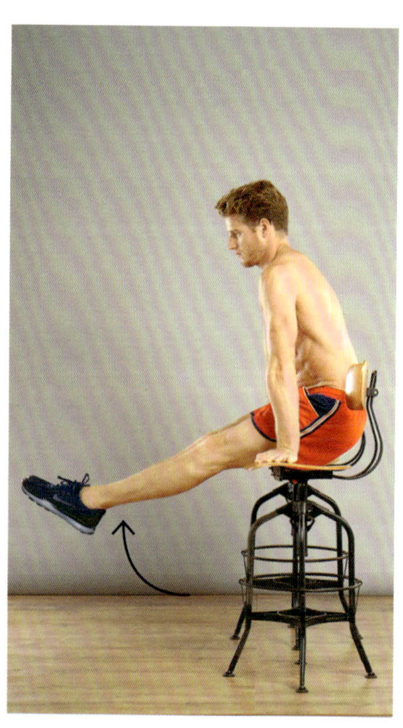

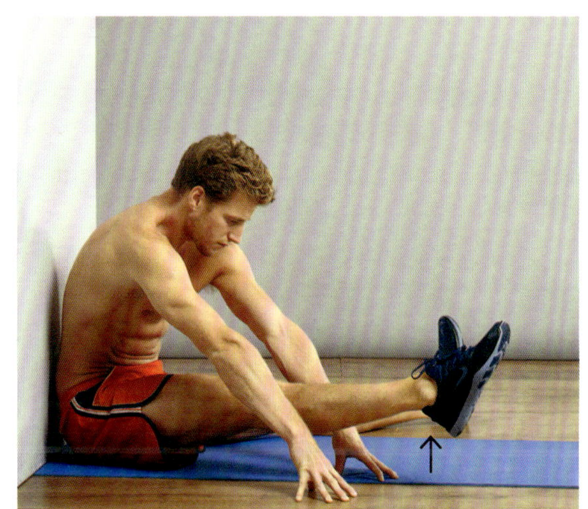

2. 张开双腿，伸直并抬腿

在练习2中，你将体验怎样抬起你伸直的腿。健身领域里的大部分动作都是弯曲腿部的，所以你将会感受到这个动作的难度是多么让人震惊。你可以通过指尖按压腿两侧的地面来辅助完成这个动作。

1分钟的运动

坐在地面上，两腿张开且保持距离。把你的手放在一条腿的两侧。用你的指尖按压地面并且尽可能高地把那条腿往上抬起，然后慢慢地把它放低到地面上。用另一条腿重复这个动作，每次动作用时30秒。

1分钟的保持

坐在地面上，两腿张开且保持距离。用指尖按压一条腿两侧的地面，并且尽可能高地抬起那条腿。保持，然后换1条腿重复。

提示：你的手离你的脚越近，这个练习就越有挑战性。

进阶练习：用你的手掌按压地面，而不是指尖，如下图所示。

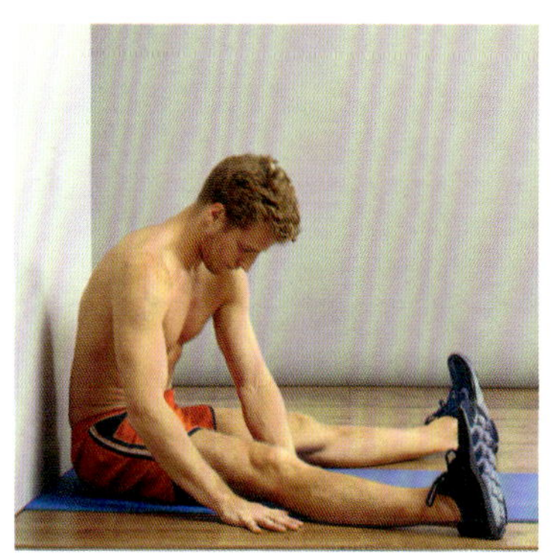

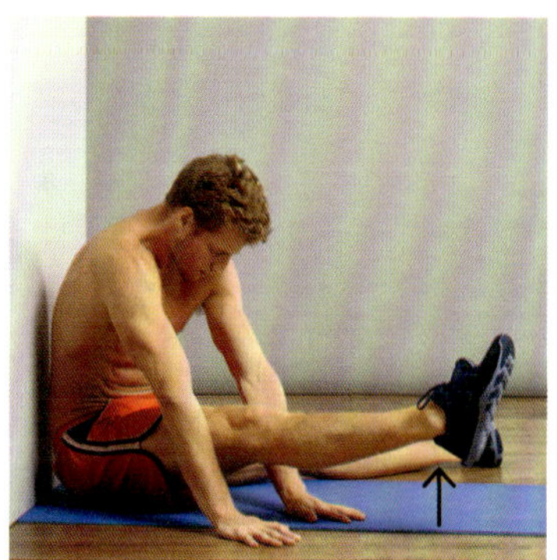

用手掌按压地面

3. 反向平板支撑

在练习3中，你将了解反向平板支撑的动作，了解到当你面部朝上的时候，你的肩部是如何支撑你的。而肩部就是这个动作的主要支撑部位。

下压身体到地面，使你的肩部远离脖子，朝着身后并且向下压。保持你的肩部在手的正上方，即可做出一个面部朝上的向上支撑动作。

1分钟的运动

坐下，把你的手、脚和臀部放在垫子上，膝盖弯曲。抬起臀部，在最高位置收紧。用你的手掌按压地面，这样你的臀部就能抬起来收紧，并产生一条反向平板支撑的直线，不过此时膝盖仍需要保持弯曲。当你到达最高位置时，你的肩部应顺势朝下，收紧肚脐，脚压向地面。连续做降低和抬起的动作1分钟。

1分钟的保持

抬起身体到最高位置并保持。注意以下几点：

- 双手压实地面
- 肩部顺势朝下
- 收紧肚脐
- 收紧臀部
- 脚压向地面

4. 开肩运动

练习4是一个手臂在后的伸展运动。它是专门用来增强你的上背部肌肉、伸展你的前胸的动作。最终，你需要努力把双手放在身后，但首先你要把精力放在张开肩膀上。如果感到肘部疼痛，那么你可以张开双手或略微向外转动手指。

1分钟的运动

在垫子上坐下，舒展伸直你的腿，把手放在你的身后，大约和垫子同宽（你也可以把两只手放得更近），手掌朝下，手指朝后。让你的肩部旋转前移（向内，如左下图所示），然后向后移（向外，如右下图所示）。持续旋转1分钟。

提示：你可以通过把双手放得更近，或者使臀部向前滑，在这个练习中做更多的伸展。

1分钟的保持

保持肩部处在向外旋转的姿势，只要你感觉到伸展的感觉，就继续保持这种状态，这种感觉可能位于你身体的前部、胸部或腰背部。

5. 高级肩部伸展运动

在练习5中，你要进一步伸展你的肩膀。

在锻炼过程中，你的胸腔是向里收的，就像向上支撑的高级版本（参见42页）。

1分钟的运动

坐在垫子上，弯曲膝盖，脚平放在地板上，双手放在身后。手指指向后方，两手应该分开或者尽可能地靠近。把手移开，保持双臂伸直状态，脚离开地面，膝盖向前额靠近。低下头碰到膝盖，同时保持你的脖子顶端和手腕在一条直线上。

1分钟的保持

按运动的步骤，膝盖离开地面，肩膀下压，用腹部肌肉来牵拉膝盖。如果一开始你不能让膝盖碰到头，也不必担心（好的结果是需要时间的）。

值得深思的事

当你第一次做支撑练习时，你可能会感到非常枯燥，有时感觉好像没有什么进展。保持注意力的一个好方法就是这样想：每一秒都重要。

我想说的就是这个。本章节所花费的每一秒都指向最终目标——一次只关注一个步骤。挫败感和急躁是最大的敌人。你必须知道，每次练习其实你都在进步，即使你认为自己没有或你认为你昨天更好。有些时候你会觉得自己退步了，会试图说服自己努力没有效果。它有效果！它肯定有效果！因为这是人体的奇迹——人类的适应能力。

这不是一个轻松的过程。但是，这就像你遇到的每一次旅行和每一个挑战——建立一个企业、一段关系、一段友谊、一段生活。它们虽然会有起伏、障碍和缓慢，但是总会有进步的。

我不会告诉你我完成练习保持的动作有多少次，因为每一次都和其他的次数一样重要，每一次都是成功的阶梯。

6. 折叠下压

对我来说，折叠下压是你在练习L形坐姿的过程中最好的动作之一。想想看：体操运动员可以从这个位置下压，进入倒立。那么，他们是如何把腿伸向身后再倒立的呢？因为他们能用上背部和肩膀配合自身非凡的身体柔韧性。这是一步一步实现的，所以你需要多花一点时间来完善这一动作。

1分钟的运动

从练习3的起始姿势（见第130页）开始，但是这次你的手朝外，膝盖弯曲。保持拇指向前，手臂伸直，抬起臀部离开地板，伸直你的腿，收腹，向前倾斜肩膀，一直保持伸直腿。

如果你能伸直你的腿，就重复这个动作，让你的脚更靠近你抬起的臀部。如果你做不到，那就把你的脚挪得更远，直到你能做到这个动作。

注意以下几点：

- 下压地面
- 臀部向后
- 向前倾斜肩膀
- 收腹
- 固定腿部

1分钟的保持

保持直腿姿势，让你的臀部尽可能远离你的手臂。保持。尝试：

- 保持双臂固定
- 下压你的上背部
- 固定腿部
- 收腹

7. 缩肩下压

在练习7中，你将会看到你的上背部在L形坐姿中是如何运动的。

在锻炼过程中，你的上背部是拱起的，或者可以说是你的肋骨被拉了进去。这两种情况都会发生在本练习中，事实上这是前支撑（参见第42页）的高级版本。

1分钟的运动

跪在垫子上，膝盖稍微在你的手前面，拱起你的上背部，压肩膀，让你的动作看起来如右上图。在按压的同时，将膝盖从地面上拉下来，直到足够让你踮起脚尖。

1分钟的保持

抬起膝盖，离开地面，肩膀下压并用腹部肌肉将膝盖拉近腹部。试着集中精力使你的上背部呈现更圆的弧度，升高身体。你的上背部最终需要保持拱起状态1分钟。

进阶练习：最终，在这个运动中你会感觉有足够的力量能把脚从地上抬起来。当你的脚能踩在地上坚持1分钟的时候，可以尝试。

继续：脚离开地面

8. 靠墙折叠

在一堂瑜伽课上，一个瑜伽老师向我介绍了这个动作，说它是一种可以使我身体放松的方式。我的回答是："真的放松了吗？这让我很紧张！"但是我的老师说对了。过了一会儿，当我紧张的肌肉开始松弛的时候，我的确感觉到放松了。

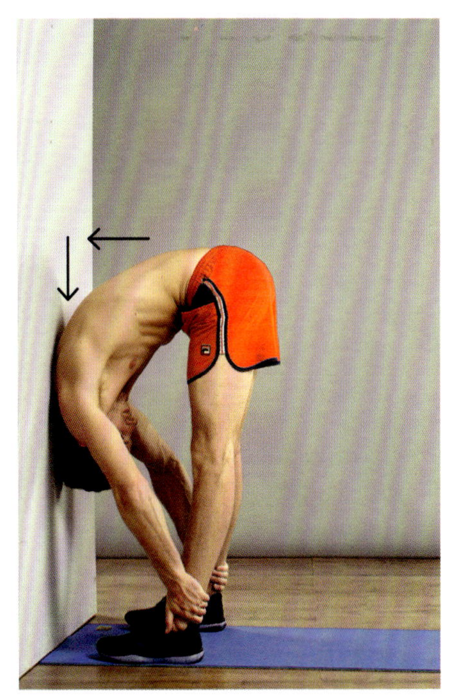

1分钟的运动

站在墙的前方，脚略微分开，双腿固定，身体和墙的距离要让自己有足够的空间弯腰。从腰部开始将身体折叠，直到达到一个舒适的姿势，它能够给你适度的伸展。保持双腿固定和伸直，慢慢地上下滑动身体，用手臂来控制运动的力度。

1分钟的保持

从运动的起始姿势开始，吸一口气，然后将你的身体折叠起来，这样你的脊椎就会尽可能地接触到墙壁。固定你的腿，你可以感觉到从脚后跟到脖子的所有部位都在伸展。只要你感觉到伸展，就可以继续保持动作。

提示：在图中，我展示了一个进阶的靠墙折叠姿势。你正在朝这个姿势努力，要适当地将脚离墙越来越近。大多数人实际上能比他们所估计的做得更好。

9. 靠墙推挤

在练习9中，我将用一堵墙来模仿当你压到地板上抬腿时你需要做的动作。在右下图中，你可以看到，当我的脚离开墙壁的时候，我正在用我的拇指和指尖推挤墙壁。

1分钟的运动

把垫子贴墙壁边缘平放。躺在垫子上，腿靠在墙壁上，然后扩大双脚之间的距离。抬起头和胸部，向前伸展手臂，并用指尖抵住墙壁。当你的指尖压在墙上时，腿和脚离开墙壁。放松推挤，并且放松双脚。重复此动作1分钟。

提示：试试两脚之间不同的宽度。腹股沟的紧张会限制这种运动，如果你遇到困难，“空体保持”将帮助你从地板上抬高，提升腿部柔韧性的动作将帮助打开你的腹股沟。

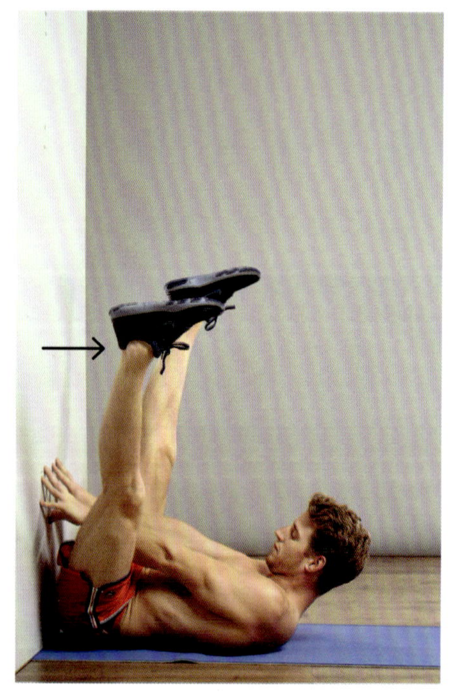

1分钟的保持

用指尖按压墙壁，腿和脚尽量靠近身体，膝盖固定。在开始的时候，你可能需要把两只脚放近一点。随着你的进步，你可以让腿间距尽可能得宽。

进阶练习：试着用你的手掌推墙，而不是用你的指尖。

10. 直腿训练

在练习10中，你需要在保持支撑的状态下练习，并且要伸直腿部。刚开始的时候，你需要在比地面高的地方练习，这样才能把腿伸直。你需要练习无论把双手放在双腿内侧还是外侧，都能保持腿部伸直。

1分钟的运动

找到两个可以让你撑起你自己的支撑物，它可以分担你的体重。你可以用俯撑杠、椅子或吧台凳。只要脚不碰到地板，你的脚离地板多远都无所谓。把手平放在你找到的支撑物上。通过手臂和手把肩膀向下压，并使肩膀伸向身体前侧。重复直腿和弯腿的动作。

1分钟的保持

采用直臂直腿的姿势并保持肩膀下压，在1分钟内坚持尽可能长的时间。如果你能够保持这个姿势至少20秒而不用脚碰到地板，你就可以在更低平面的支撑物上重复这个动作。

生活小窍门

椅子是你的救星

那么，我们怎么才能用生活中固有的时间来练习“L形坐姿”？记住，你努力的目标是能够用你的上半身和核心区轻松地支撑起你的体重。不幸的是，椅子随处可见，它们对身体造成的损伤比其他任何一件家具都要多。但是，“坐下会毁掉你”可以变成“椅子可以救你”。椅子正好在你身体两侧，它们是绝佳的支撑物，就像平行杠，你可以用它们练习一些从上面的动作演变出来的姿势。

1分钟的保持

找一把能平稳放在地上的椅子，用手压在椅子的两边。

- 把膝盖收到胸前
- 保持腿部伸直

保持这个姿势，并尽可能有耐心地重复。

台阶桥

台阶桥是一个越过头顶的动作，目的是提升肩部的柔韧性和扩展脊椎的活动范围。如果你有一个你能做到的时下最流行的动作列表，我打赌它们肯定不包括伸展脊椎。

从现在起，当我说完全伸展你的脊椎时，所指的都是指脊椎中部，而不是腰部。如果你患有腰痛，你需要了解这种练习。腰部疼痛有数百种原因，其中之一是多年来你已经养成了弯曲脊椎的坐姿习惯。

驼背坐姿导致脊椎弯曲，也有可能导致你的背部中间（胸椎）变得紧张僵硬。实际上，你失去了对它的控制权。而人体会驱使任何不僵硬的部位来实现运动。所以，如果你的背部中间是不运动的，你的身体会做什么呢？它会让腰部运动。这就导致了腰痛的流行。

通常情况下，你的腰部其实没有什么问题，只是你的脊椎中段失去了运动能力。本章的支持练习将引导你如何锻炼你的中脊，因为在那里我们有肋骨的支撑，可以引导你真正地做出台阶桥的动作。如果你在本章的任何一个练习中感到腰部（或颈部）疼痛，那这个反应就表示姿势不对。“桥”这个动作不会引起背痛。你怎么会背痛呢！

我建议这些练习可以使用椅子来增加高度。通过把脚从地上抬起，你可以在练习“桥”时扩展肩部。最终，你将能够完全地、很轻松地在地面上做出“桥”这个动作。（台阶是最理想的，因为台阶有层级。我是在梯子上做的，但不要模仿我，请使用稳定的东西当支架！）

优点

- 学习如何消除背部弯曲时的疼痛
- 提高肩关节柔韧性
- 对缓解压力十分有效
- 克服倒立的恐惧
- 学习新技能，发展神经通路

1. 收臀运动

这个练习的标题已经描述了你要做什么，其目的是让你可以用你的臀部肌肉来支撑你的背部。通过这些肌肉的全面运动达到锻炼效果，你可以以此消除身体其他部位（主要是腰部）的紧张。

1分钟的运动

仰卧在垫子上，弯曲双膝，双脚分开平放在地上，和肩部同宽。用手抓住脚踝，收紧臀分开部肌肉，抬起胸部，向上抬起身体，使臀部离开地面。在最高位置时，你的臀部肌肉应该绷紧。如果你觉得脊椎有疼痛感，就要把身体放低一点。你会感觉到以下部位的伸展：

- 肩膀
- 背
- 臀部的前部或后部
- 腿的前部或后部

一旦你到达动作的最高位置，就放低身体。再重复抬起和放下的动作1分钟。

1分钟的保持

使用开始时的姿势，压住、收紧并抬起你的身体到最高位置，保持臀部在最高位置收紧1分钟。

2. 紧握双手抬臀

在上一个练习中，你抓住了脚踝，这样你就可以在手和脚之间保持一个很好的距离。在这个练习中，你则需要把你的双手握起来，这会帮助你扩展肩部，并且给练习1添加新的练习元素。

1分钟的运动

仰卧在垫子上，弯曲双膝，双脚分开平放在地上，和肩部同宽。把你的脚压在地上，抬起臀部。再把手指在臀部下方交叉，握紧。收紧臀部肌肉，抬起胸部，直到最高位置。然后放松臀部，放低身体到地面。重复抬起和放下的动作1分钟，保持双手在身体下方握紧。

提示：如果你感觉肩膀很紧，回到练习1，抓住你的脚踝进行练习，等你准备好了以后再做练习2。

1分钟的保持

抬起并收紧你的身体直到最高位置，双手在身体下方握紧。在最高位置保持，在两种相反的力量上集中精力，交叉的手压向地板，向上抬起臀部。

值得深思的事

在这个练习中，有两种反作用力：你的手是向下用力的，臀部则是向上用力的。如果你感到背部疼痛，很可能是因为你的臀部很紧，试着做一些臀部运动。

3. 手掌压地抬臀

在练习3中，你将进行练习1和练习2的进阶动作——把你的手放到“桥”这个动作的位置。你的目标是把你的手压在地板上，同时收紧臀部向上抬。在这里，用手建立坚固的支撑很重要，因为如果你的手承担不了你的体重，那么它最终会给你的脖子造成负担。

提示：如果你的两只手离远一点，你会发现把手掌压到地板上更容易。

1分钟的运动

仰卧在垫子上，膝盖弯曲，双脚分开平放在地上，和肩部同宽。双手放在头两侧，把手掌压在耳朵旁边的地面上，手指指向前方。将臀部向上抬，抬起胸部，挤压臀部。当你到达最高位置时，再次下降。持续上升和下降的缓慢动作1分钟。

1分钟的保持

将臀部向上抬，再抬起胸部，收紧臀部。当你到达最高位置时，保持住你的姿势。把脚压在地上有助于保持姿势。

4. 抬高头部

练习4是练习3前的进阶动作，要从地面上抬起你的头部。所有的原则都与前三次练习相同。

1分钟的运动

仰卧在垫子上，膝盖弯曲，双脚平放在地板上，分开同肩宽。用手掌压在你耳边的地面上，手指指向前方。将臀部向上抬，抬起胸部，收紧臀部。当你到达最高位置，且你的头仍在地板上时，请继续。持续用力，把你的头抬离地面一点。缓慢上升和下降，持续1分钟。

1分钟的保持

将臀部向上抬，抬起胸部，收紧臀部。当你到达最高位置时，头部略微抬离地面，尽可能地保持一段时间或者坚持1分钟。把脚压在地板上有助于保持姿势。

5. 跪姿练习1：头部触墙

在练习5中，你要开始跪下练习，用墙壁来测试肩膀和背部的活动性。在这个练习中，你必须使用与前四个步骤相同的动作。如果你没有收紧臀部，你很可能会背部疼痛，如果你没有抬起胸部，将会导致脖子受伤，因为你的脖子只跟随你的胸部运动而运动。

这个动作的目标不是简单地用你的头接触墙壁，而是让你的头部触墙且不引起疼痛。如果你觉得腰部或颈部疼痛，你必须停止锻炼。这个动作不应该由痛苦来推动。腰部弯曲会使你的肋骨无法扩张，并且会导致更多的问题，背痛就是一种附属的后果。

1分钟的运动

跪下，大腿间保持一定距离，背靠墙，脚趾正好接触墙壁。把双手放在身前，保持平衡，然后慢慢地、有意识地向后弯曲身体，直到你的头顶可以接触到墙壁（如果你感到疼痛就停下）。慢慢地回到起始位置，只要你不感到疼痛，就继续向前、向后运动，持续1分钟。

1分钟的保持

从背对墙跪下开始，向后倾斜，直到头部触墙。保持这个姿势1分钟。你应该会感到肌肉紧张，但不会疼痛。

提示：随着你的进步，你可以尝试离墙壁更远，增加身体后弯的程度。

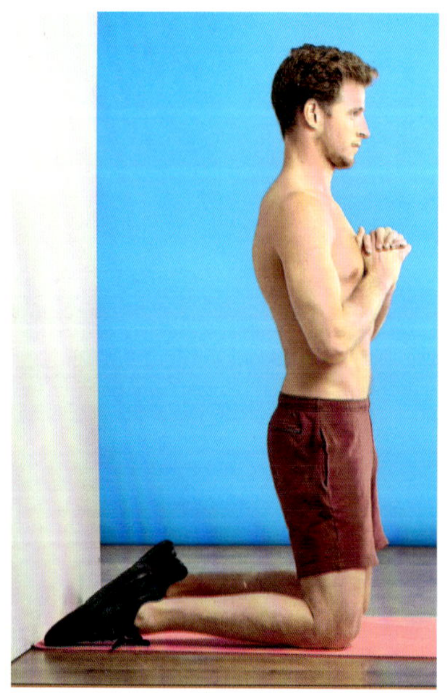

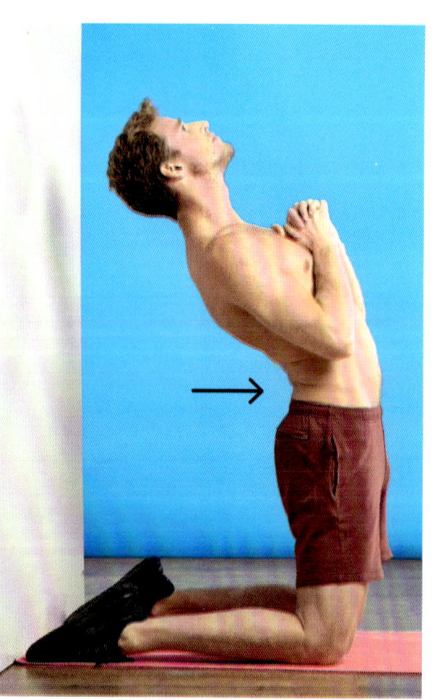

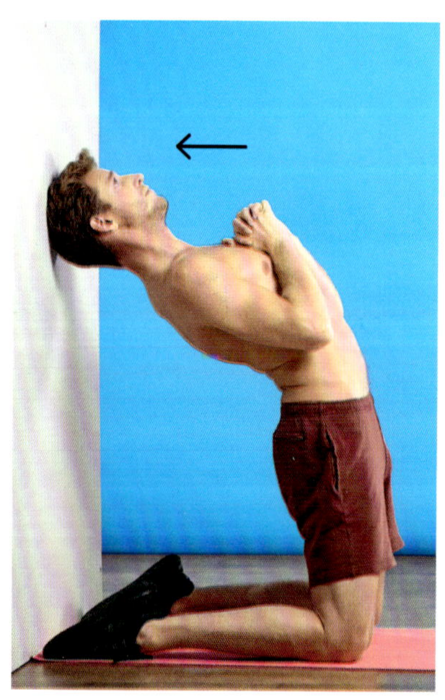

6. 越过头顶触墙

把手臂伸直，越过头顶，和墙壁保持一个新的距离。比起你在练习5中完成的跪姿，这个练习的身体弯曲度将会明显增加。我知道我一直在说，但是我再重复一遍：你的腰部不应该感到疼痛。如果你的腰部疼痛了，很可能是因为缺乏肩膀或髋关节的活动，或两者兼而有之。尝试完成第60—61页的练习来提高肩膀的活动能力。

1分钟的运动

背靠墙壁站立（在刚开始练习的时候接近墙），两脚分开，与臀部等宽，手臂放在身体两侧。尽可能高地伸展你的手臂。然后，尽可能地抬高你的胸部，收紧你的臀部来拱起你的背，在保持手臂伸直的状态下，瞄准并触摸你身后的墙壁。当你碰到墙时，起身回到身体直立的状态。反复缓慢地做向前、向后的运动，只要没有疼痛就继续进行。

1分钟的保持

以本次练习的准备姿势开始，按照步骤，直到你触摸到身后的墙，保持手臂伸直。收紧臀部，轻轻地吸一口气会减少腰部的紧张感。注意不要把脖子伸得过长。

提示：你可以更靠近墙壁，这将使这个练习变得更容易。

7. 高位抬臀

在练习7中，你会熟悉在椅子或台阶上练习的感觉。双脚踩在更高的平面上，减少你达到阶梯桥所需的肩部柔韧性。锻炼更多的是关于对那种感觉感到舒适，并意识到它对身体其他感觉的影响。

使用椅子，抬起你的脚，在下背部产生的弯曲度明显少于迄今为止其他练习的后弯过程。没有必要故意弓起或挺直你的背，只要把注意力集中在挤压和抬高你的臀部。

把椅子靠在墙上，以免它移动。或者你可以使用台阶，如果你愿意的话。只要确保你选择合适的高度，不会造成任何疼痛就行。你能适应越高的台阶，就越容易转换到后面的练习中。所以，在不同的高度练习中，如果有一个台阶是你现在能适应的，那么这是一个很好的开始。慢慢来，一点一点地进步。

1分钟的运动

仰卧，把脚跟放在椅子上。臀部靠近椅腿，大腿朝向你的胸部。用手抓住椅腿。收紧臀部，把臀部从地上抬起到最高位置，然后降低。上下慢慢移动，在最高位置收紧。

1分钟的保持

抬高臀部，在最高位置保持1分钟。

8. 跪姿练习2：伸直双臂，举过头顶

在练习8中，你将做出与练习5类似的姿势，但这次是用伸直的手臂。

提示：腰部疼痛是不必要的。使你的下背部更弯曲，以防止肋骨扩展而导致的更多问题。这个动作可能会出现背部疼痛。

1分钟的运动

背对墙壁跪下，两膝分开为臀部宽度，脚趾离墙有一个较短的距离。尽可能高地把手臂举过头顶。一旦手臂处于伸直状态，收紧你的臀部，抬起你的胸部，慢慢地、有意识地向后移动，直到用你的指尖触摸到墙壁。保持手臂伸直。返回到起始位置，然后重复这个动作1分钟。

提示：想要进一步锻炼，就让手指触墙的位置进一步下移。有一天，你可以摸到很远的地方，直到你触摸到地板为止。

1分钟的保持

如前面所说，从背对墙跪姿开始。向后倾斜，伸直手臂让你的指尖接触墙壁。保持1分钟。你应该会感觉到身体肌肉绷紧。如果你想进一步锻炼，就离墙壁越远。确保臀部总是向前收紧。

9. 伸展手臂

在练习9中，你要再次把手放在头两侧的地面上。你可能会认出这很像练习4的动作，尽管过渡到练习9你可能会感觉更困难。这个动作的目的是让你的手臂伸直，一旦你的手臂伸直，你的下背部就不会在抬起时感到压力。

1分钟的运动

仰卧，把脚跟放在椅子上或台阶上。你的臀部应该靠近椅腿，大腿朝向你的胸部。双手手掌压在耳朵旁边的地板上，手指指向前方。收紧臀部，将臀部从地面抬起到最高位置，双手紧贴地面直到手臂伸直。上下慢慢运动，在最高位置收紧。

1分钟的保持

抬起身体到你尽可能达到的高度，持续支撑1分钟。

10. 张开肩膀

在练习10中，你将把所有的步骤连起来形成完整的“台阶桥”动作。和其他台阶练习一样，这既讲究在不同的高度保持舒适度，又讲究使用正确的姿势。你的脚放得越高，张开肩膀的空间就越大。

如果肩膀没有张开，你的身体最终会靠其他区域（最可能是下背部或颈部）支撑。你的下背部和颈部的支撑力有限，所以不要依靠身体的这些部位来保持你的姿势，这是很重要的。除非你确信你的上背部和肩膀有足够的支撑，否则你不能在地上做“桥”的动作。

1分钟的运动

保持练习9的支撑姿势，把你的脚放在适合你高度的支撑物上。下压身体，用手掌来支撑。要想形成垂直线，必须同时具备3个条件：

- 把脚压在椅子上或台阶上
- 手压在地板上
- 收紧臀部

一旦你到达了最高位置，你的手臂会是直的，你的肩膀就会张开。调整腿部的弯曲程度，使你的腰部与你的手腕对齐。

1分钟的保持

下压身体并保持肩膀张开。如果你的腰部和手腕之间没有形成垂直线，你需要抬高你的脚。

提示：一旦你确信可以完成肩膀超过手腕的姿势，就可以到一个较矮的椅子或台阶上去尝试，直到你不需要使用任何垫高设备就能够完成动作并在地上保持这个姿势。

生活小窍门

看电视

你听说过一个叫作“狮身人面像”的瑜伽姿势吗？想象一下狮身人面像，你就会知道这个动作该怎么做——身体朝前趴下并抬起胸部。孩子们总是这样趴，这对他们有好处！这是一个舒展上背部的非常好的方法。我要给你一个挑战：保持“狮身人面像”的姿势看完一个电视节目，然后在房间里四处走走，看看你的脊椎感觉如何。这个姿势和你的脊椎骨形成了截然相反的形状，它是减缓脊柱弹性老化的好方法。我在这本书中写的大约50%都与这个姿势有关，所以我必须谢谢你。谢谢你帮我保持我的脊椎处于舒展状态。

狮身人面像支撑法

在电视、笔记本电脑或者书前找个舒适的地方趴下，脚趾指向你的身后，用肘部支撑身体，向前看。你趴在那里的这段时间，试着让你的肩膀在整个过程中向后和向下压。无论你专注于什么（电视、工作、阅读等），都会帮助你转移对脊椎的注意力。你的肋骨将得到舒展。

值得深思的事

对于体操运动员来说，“桥”的最终动作需要把脚和手都放在地板上。但是，如果你的肩膀、臀部或脊椎缺乏柔韧性，会导致各种问题，包括颈部疼痛、腰痛和手腕痛。

所以我不会一开始就教那种把脚放在地板上的直臂“桥”动作。抬起双脚可以避免不必要的疼痛和拉伤，让你在不受伤痛的情况下逐步学习。在你缺乏肩膀活动性且不明白紧张的肩膀是如何阻碍你锻炼、损伤你身体的时候，试着在地板上仰卧开始完整的动作。我知道这是怎么回事是因为我自己也这样做了好几年，这导致了我脊背弯曲，削弱了下背部力量，之后我花了很多时间才恢复。

“桥”是一个很棒的动作，可以教会你很多关于身体的知识。它值得你全神贯注，所以你在练习时要有耐心。身体任何部位的疼痛都是你在其他地方缺乏运动的警告信号。你的身体非常聪明，当你运动出了问题的时候它会警告你，但是你需要有足够的意识去清晰地接收这些信息。

意识到怎样运动你的身体是进步的关键。

致谢

在此我想感谢一些人，是他们使本书顺利完成。

首先是我自己。这听起来有些自大，对吧？我不相信你能教会任何人，除非你先选择教会你自己。

我建议在你传阅这本书给下一个人之前，自己先学会本书内容。我们有个思维定式，就是年纪越大我们越没办法运动，而这本书证明这些都是无稽之谈。

我们的关注点应变为：我们应该通过什么样的运动会使我们活得更长寿、更健康。所以我感谢我自己，把教会自己放在了第一位。

其次是我的父母。

如果我的父母没有让我降生到世上，尽他们的全力让我吃饱穿暖，我没有机会在这里将我的故事告诉大家，将我的经验传递给全世界。

感谢妈妈和爸爸。

然后是我的七个兄弟姐妹（是的，七个！）。有着来自至亲的支持，意味着在我的生活不尽如人意之时，我总是很幸运地能得到他们的帮助。这是我将永远感激的。

弗雷迪，格罗瑞娅，戴维，乔尔，简，菲比，彼得，我永远爱你们。

还有坎贝尔。大约十年前，在伦敦的一个小公寓里，我和坎贝尔叔叔进行了一次谈话。

“我真的不知道该怎么处理我的生活。”我说。

我叔叔回答说：“罗杰，你喜欢做什么？”

我说我很喜欢健身。人们总是问我关于健身的建议，但那只是我的业余爱好。

“我不知道该做什么。”

“罗杰，大多数人都梦寐以求去做自己热爱的工作，别犹豫了，现在就去做你喜欢做的事！”

从那一刻开始，我意识到我所热爱的工作意味着什么。热爱你的工作意味着你不再害怕星期一，而且即使是周日你也乐意去做它。为什么？没有其他理由，因为你热爱它！

谢谢坎贝尔，我永远感激你的智慧之言。

当然还有伊奇。如果你决定写一本书，你需要知道一件事。虽然它回报颇丰，但也是你所有做过的事情里最具挑战性的之一。我的搭档伊奇一直全力支持我的疯狂时间规划，即使这意味着每周工作7天，大部分日子早上6点之前就得醒来，而且在回家之前的整个大清早都得写作。伊奇不仅听我数小时反复唠叨同一件事（很明显是关于运动的），还在正式拍摄前，在工作室里帮我检查了这本书里的每张图片、每个角度。我从心底里感谢伊奇帮助我做了这些事。永远爱你。

我还要感谢我的客户。在伦敦的公园和伦敦市民的家中，我花了许多年来教我展示在这本书里的基础体重训练技巧。正因为他们相信我的想法，允许我教他们，我才有机会执教。奇怪的是，我教过的90%的人都叫亚历克斯。所以，如果我说感谢亚历克斯，只有15个人不在名单里。感谢亚历克斯们。

布莱恩——《伦敦真实》剧集的创始人之一，也是我最好的朋友之一。一次在伦敦公园的偶然相遇，我们达成了协议。这个协议是我教他练肌肉，他会帮我搞定一篇TED的演讲稿。好吧，如果那天不是我要上TED的舞台演讲，我都不会写这本书的理论基础。谢谢布莱恩总是让我离开舒适区。

感谢多米尼克。当我第一次在客户家里训练的时候，我遇到了多米尼克。多米尼克和我一见如故，他非常支持我教的方法。多米尼克给我提的建议完全改变了我看待世界的方式，甚至改变了我使用的语言。谢谢多米尼克让我知道一切皆有可能。确实是这样。

本和Pavilion出版社团队。在TED舞台上看到我之后，本相信我需要把我的想法以一本书的形式传达给公众，就让我与出版社联系。如你所见，我的生活中发生了很多事，才使得你得以品读我的理论。感谢史蒂夫、汤姆、劳拉和创意团队里的其他成员，大家使这一切成为可能。我们在那些工作室里度过了疯狂的时光。

他们说每个教练都需要一个教练。我也有好几个。感谢伦敦平衡与有氧运动学校的赛娜，还有瑜伽老师卡罗琳彭娜，多年来教会了我很多东西。

我还要感谢你。我相信有这样一个世界，学校里没有椅子，所有的孩子生下来就锻炼，所有的学校都会开一门课程教孩子们如何最好地锻炼身体。买这本书，你将使这个梦想成为现实，感谢你！

相信我，这只是个开始。我们下本书见！

我的故事

我的故事从一个英格兰的农场开始。

我并没有花时间看电视和社交，而是把时间花在探索农场的地盘并且处理一些任务上。这些任务包括：修建围栏，清除荨麻刺，清理错位的木棍，把以前的路找出来，抓住逃跑的鸡，爬树和摘苹果……这些任务在一定程度上变成了我的工作。不是因为我被要求去做这些事，而是我真的喜欢做这些事。在我忙碌的时候，时间一点一滴过去了。

回首过去，我感到十分幸运。我相信我的童年激励我做了一些大部分孩子没有机会去做的事。

然后，当我还是个少年的时候，我的家搬到了伦敦东区。你可以想象一下，一个15岁左右的孩子童年没有电视。在15岁那年，我看了很多好莱坞电影，尚格・云顿、西尔维斯特・史泰龙和阿诺・施瓦辛格成了我的英雄偶像。

我想这就是为什么我下决心成为一个健身爱好者。

我记得我试图获得像施瓦辛格那样的身体的第一天。 当地的健身房看起来和拳击电影里如出一辙：一个改装过的车库空间，里面有破损的黑色长椅，生锈的杠铃和前健美冠军的海报。

我走进那里的那天，我遇见了它的主人——一个叫戴夫的伦敦人。

我向他描述了我的健康目标，这个目标就像一个青春期的孩子会说的那样："我想变得强壮。"

他似乎明白了我的意思。他指着深蹲架说："孩子，那里可以让你得到粗壮的腿。在那里（指向卧推）你可以得到一块大胸肌。 而这些哑铃是用来练出大手臂的，这就是它的用处。 现在，你上吧。"

我变得痴迷健身。

我一周去5次健身房，带着我的纸和笔，记录练习并写下我做了多重的举重。我的目标简单明了。你能举起的重量达到了你想要的程度，那你已经完成了举重。如果你完成了举重，你的体重就会增加。当你体重增加时，你变得更强壮。随着你变得更强壮，你的个头就会越来越大……

持续这个过程，直到你拥有影星的身体。很容易，对吧？

我花了十多年才意识到，事实上，我的身体远比想象中复杂。

2002年，我在建筑工地上跟父亲做木匠学徒。我在8个孩子里排行老六，我父亲总想着我们其中一个能和他一起工作。学徒时长3年，在即将结束的时候，我的姐姐举办了一场派对，庆祝她的30岁生日。在派对上，我遇到了改变了我人生轨迹的摄影师西蒙·哈里斯。

“嘿，罗杰，你有没有想过当模特？”西蒙问道。

“没有。”（我的意思是，我真的没想过。）

但是，没过几周，我就带着一本新拍摄的实验作品集在伦敦四处闲逛，把木工的活儿远远抛在脑后了。那么，你可能会说。从木工到时装模特的转变奠定了“弗兰普顿训练法”的基础。

要想在模特行业取得成功（尤其是当时），你必须符合一定的身材标准。“我需要什么样的身材才能成为最好的模特？”我问我的一个代理人。

“32英寸腰围，38英寸夹克。你的身形越好，你就越有机会得到展示内衣或上半身的工作。”

所以，我又回到了健身房。但是问题来了。（我必须告诉你这个故事，因为它令人震惊。）

有一天，我走进我的代理机构办公室，老板正站在一张桌子旁，而我站在角落里，穿着紧身白T恤，健身房套装，她叫我过来。

“你是谁？”她问道。

“呃，我叫罗杰。很高兴见到你。”

“罗杰，让我告诉你几件事：首先，如果你的脸很白，千万不要穿白色的T恤；第二，你的脸有点胖。脱掉你的上衣，让我看看你的身体。”

我站在办公室的中间，感到非常尴尬。

“我喜欢你，罗杰，你有很大的潜力，我给你两周的时间来调整你自己。所有这些胸部、手臂和肩膀的累赘都得清掉。如果你想在这个行业里成功，你就得学会瘦身。”

我服了这个女人！然而，令人恼火的是，她是对的。

如果我继续我的方式，我的身材怎么能适合那些衣服呢？我像一件42英寸厚的夹克衫，像板子一样硬。我在健身房里学会的是如何变得强壮，而不是变瘦。所以，从那天起我就放弃了举重。我可以自豪地说自那以后我再也没有举重过。不过，无论如何，不是我想放弃它。

此后，我开始痴迷于体重训练。模特并不像我之前想的那样赚钱，所以我又找了一份兼职，在酒吧工作。我还拿到了一张私人教练的文凭，我非常高兴。

我在课程中学到的一切都是对我有意义的，有练腿的日子，还有练胸的日子、练手臂的日子、练背的日子。如果你真的了解最新的健身行业，你肯定知道健身基础的重要性，并会添加一个基础锻炼日到你的健身计划里。

我坚持遵循这种方法很多年。直到那一天我走进一个成人体操课堂并被嘲笑（再次），这一次是被一个六岁小孩嘲笑。她让我停下来。当时我正说到一个灵感，却被突然打击了，于是我开始质疑我曾相信的一切。

在我们的成人班旁边，有一个体操班。班里有个小女孩以及像她一样年幼的其他孩子。她和她的同班同学都是能够以成年人的方式来锻炼身体的。对他们来说这是很容易的——他们看到我们做不到他们能做的动作的时候似乎感到困惑。然后，那个6岁女孩走上前来，应我们教练的要求，向我们展示了我们完全做不出来的动作。

我呆呆地坐在地板上，在拼命尝试这个叫作“桥”的动作中精疲力竭，这把我的思想带回6岁的自己。我想知道6岁的自己会不会比现在的我做得更好？如果他做得更好，从那时到现在发生了什么？为什么现在我的这个动作变得如此糟糕？

我开始研究那些孩子们做起来很自然，而长大后的我们即便运动节奏越来越快却也做不出的动作，我的脑海里不断出现的一个例子就是深蹲。当我说到深蹲的时候，人们想象的第一件事就是快速地上下蹲起，但这不是我的意思。我是指固定的蹲姿状态。如果你想要参考这个姿势的标准动作，你可以去问一个四岁的小孩子。他们可能会告诉你，你是在“坐着”或者“蹲着”，或者他们只会疑惑地看着你。有一件事情我能保证的就是，他们不会告诉你这是锻炼！

如果我能回到4岁，带着成年人的词汇和认知，我会抬头看着你说：“我只是个普通人类，我生来就有这样的能力。深蹲是人类的一种自然的休息姿势。”

在接下来的几年里，我对所谓的人类运动纯粹本质的发现，将彻底改变我看待运动的方式、我训练自己的方式，以及我教别人“变得健康”的方式。我停止了锻炼，相反，我只是想再次成为4岁的罗杰。

我花了好几个小时测试下蹲和其他运动，我发现我们生来就能做，但后来却迷路了。我用我所认识的每个人作为测试案例，包括我自己、客户、家人、朋友和同事。我很惊讶地发现，我遇到的大多数人，即使他们可以做其他运动，也很难做下蹲。

我现在教“人类运动”。自那堂颠覆性的体操课以后，我唯一的目标就是“像以前一样行动”，并且教其他人也这样做。本书中我传授了我所学的关于运动的一切，并且我认为，只要你拿起了这本书，只要你是人类，你就会终生对保持身体强健感兴趣。这就是为什么重新学会像人类一样运动是很重要的。所以，我的下一步计划就是通过这本书帮助你找回你与生俱来的能力。

你有与生俱来的深蹲放松的能力，如果你失去了这种能力，那么一定有限制你运动的代价。从长远来看，受伤、疼痛，甚至是髋关节置换手术都是不可避免的。然而，如果你锻炼身体时，在重新获得孩子般的柔韧性方面做了一些基础训练，我保证你需要做髋关节置换手术或者坐老人电梯上楼的概率将大大减小。

我的计划是终身拥有一个健康的、能运动的身体。我想通过这本书，邀请你和我一起完成这段训练过程。